D1719459

Hanjo EIFLER

PIGEONNIERS - COLOMBIERS

Übersetzung – Traduction :

Bruno LIESER

Dessins et photographies originales de l'auteur.
Alle Zeichnungen und Fotos vom Autor.

SUD-IMAGE
33650 LA BREDE

ISBN 2-910268-03-9

Couverture – Buchdeckel : *Manoir d'Ango à Varengeville-sur-Mer (Seine-Maritime)*

DANKSAGUNG

Dieses Buch wäre nicht ohne die Mithilfe vieler anderer Menschen zustandegekommen. Da sind zunächst die Besitzer der prachtvollen in diesem Buch beschriebenen Bauwerke zu nennen, die durchaus nicht immer erfreut waren, wenn ein fremdes Auto das Parktor passierte und am Schild « Propriété privée, Défense d'entrer » vorbei die lange Allee zum Schloß herauffuhr. Wir haben jedoch keinen einzigen erlebt, der uns nicht bereitwillig alle erbetenen Auskünfte gab, uns seinen Taubenturm aufschloß und uns auf interessante Einzelheiten aufmerksam machte, nachdem wir den Zweck unseres Besuches erklärt hatten. Ihnen danken wir viele Angaben über Alter und Geschichte der Bauwerke.

Beim Aufsuchen der Besitzungen waren uns die Bürgermeistereien durch genaue Wegbeschreibungen oder Lageplanskizzen behilflich. Hier muß ich vor allen

Bernard Thélu, Bürgermeister von Fauville-en-Caux in der Normandie, danken, der uns nicht nur viele Adressen nannte, sondern auch für uns mit den Behörden telefonierte und uns später noch weiteres Material sandte.

Mein besonderer Dank gilt

Dr Alois Kammermeier, der mich zu diesem Buch anregte und mich beraten hat,

Professor Dr-Ing. Curt Siegel für seine produktive Kritik des ersten Entwurfs und seine guten Ratschläge,

Charley Tantet, der mir sein eigenes reiches Material über die Taubenhäuser im Südwesten Frankreichs zur Verfügung stellte,

Dr Bruno Lieser von der Universität Le Havre, der den deutschen Text ins Französische übersetzte,

und, nicht zuletzt, meiner lieben Frau Hildegard, die alle Strapazen und das Vergnügen dieser Forschungen mit mir teilte.

REMERCIEMENTS

Ce livre n'aurait pu voir le jour sans le concours de nombreuses personnes. Il me faut remercier ici en premier lieu les propriétaires des magnifiques édifices décrits dans ce livre, qui n'étaient pas toujours très heureux, a priori, de voir une voiture inconnue passer le portail de la propriété et s'avancer dans l'allée menant au château sans se soucier du panneau « Propriété privée, Défense d'entrer ». Parmi ces propriétaires, cependant, pas un qui ne fût prêt, après avoir pris connaissance du but de notre visite, à nous donner les renseignements souhaités et à nous ouvrir le pigeonnier en attirant notre attention sur tous les détails intéressants. C'est à eux que nous devons maintes précisions concernant l'âge et l'architecture des bâtiments.

Dans notre recherche, les mairies nous ont apporté une aide précieuse, en nous fournissant les plans et les indications permettant de parvenir jusqu'aux propriétés. Je pense avant tout à :

Bernard Thélu, maire de Fauville-en-Caux, en Normandie, qui ne s'est pas contenté de nous donner de nombreuses adresses, mais a pris contact pour nous avec les administrations et nous a fait parvenir, par la suite, des documents supplémentaires.

Mes remerciements s'adressent aussi à :

Aloïs Kammermeier, qui m'a incité à écrire ce livre et en a accompagné la genèse de ses conseils,

monsieur le Professeur Curt Siegel pour sa critique constructive du premier brouillon et ses excellentes suggestions,

Charley Tantet, qui a mis à ma disposition sa riche documentation sur les colombiers du sud-ouest,

Bruno Lieser, maître de conférences à l'université du Havre, qui a traduit l'ouvrage,

et enfin, ma femme Hildegard, la dernière mais non la moindre, à qui va ma reconnaissance pour avoir partagé avec moi les péripéties et les joies de toutes ces recherches.

AVANT-PROPOS

La guerre est mère de toutes choses, disait Héraclite. Elle a en tout cas, dans mon existence, bouleversé et provoqué bien des événements. La seconde guerre mondiale m'a entraîné dans le sud de la France et m'y a retenu trois ans. J'ai découvert ce pays merveilleux, ses habitants et leurs coutumes, et j'ai appris à les aimer. C'est là-bas aussi que j'ai fait la connaissance de ma femme, tout comme moi séduite par le charme de cette région. Puis la fin de la guerre coupa mes racines en terre allemande : La Silésie où j'avais grandi n'existait plus. La suite n'est donc pas étonnante : après avoir, pendant de nombreuses années, passé nos vacances en France, nous avons finalement acheté une vieille maison de vigneron, et la retraite venue nous nous sommes tout à fait installés en Languedoc. C'est là que nous vivons maintenant, au milieu des paysans du sud ; nous aidons parfois aux vendanges, nous restaurons nous aussi leur église, nous chantons avec eux et nous participons à leurs fêtes.

Architecte, j'ai été fasciné dès les travaux d'aménagement de notre maison, par le style de construction méditerranéenne, par cette architecture qui n'a pas d'architecte. Nous parcourrions le pays, découvrant d'autres paysages, des architectures nouvelles : les formes traditionnelles, héritées de l'âge de bronze, des bâtiments ronds que l'on appelle « borie » en Provence, « capitelle » en Languedoc, « garriotte » dans le Quercy, les maisons à colombages aux larges assises dans les Landes, les fermes de la Grande Brière avec les toits de roseaux et les iris sur la faîtière, les bâtisses en pierre calcaire des Causses, construites sans bois et qui sont des miracles de technique de voûte, etc.

Notre maison a deux cours intérieures ; une de ses ailes s'adosse à l'ancien clocher, un autre corps de bâtiment jouxte un pigeonnier, propriété du voisin. C'est une tour carrée typique du Languedoc, bien conservée, avec un toit à une pente orienté vers le sud. Nous ne lui avons pas accordé une attention particulière jusqu'à ce que, étudiant en Gascogne les rapports entre l'architecture et les matériaux utilisés, nous découvrîmes les pigeonniers de cette province. Ils n'y sont pas seulement très nombreux, ils sont également si divers dans leur forme et leur technique de construction que nous en avons fait notre objet privilégié de recherche.

Par chance, ma femme, bibliothécaire de formation, s'est enthousiasmée pour ces recherches et m'a apporté une aide précieuse, tant pour la recherche dans les archives et les bibliothèques, que sur le terrain pour le métrage et les descriptions.

Beaucoup d'indications nous ont été données par des amis et des connaissances ou par des personnes rencontrées au cours de nos voyages qui avaient la gentillesse de répondre à nos questions. Monsieur le Maire de Fauville, en Normandie, ancien vétérinaire, qui connaissait toutes les grandes propriétés de la région, nous a donné de nombreuses adresses, a pris contact avec les services départementaux et nous a envoyé par la suite d'autres éléments d'information. Souvent on nous a emmenés à des kilomètres pour nous montrer un pigeonnier que nous n'aurions pas pu trouver seul. Ces rencontres nous ont laissé plus d'un souvenir marquant et ces contacts humains ont enrichi notre vie. De cela aussi il sera un peu question dans ce livre.

HANJO EIFLER

VORWORT

Der Krieg ist der Vater aller Dinge, hat Heraklit gesagt. In meinem Leben hat er jedenfalls vieles um- und angestoßen. Der zweite Weltkrieg verschlug mich nach Südfrankreich und hielt mich dort drei Jahre lang fest. In dieser Zeit lernte ich das wunderschöne Land, seine Bewohner und ihre Lebensart kennen und lieben. Und nicht nur das, auch meine Frau lernte ich dort kennen. Sie war auf die gleiche Weise vom Zauber dieses Landes eingefangen. Das Ende des Krieges schließlich kappte meine Wurzeln in der deutschen Heimat : Schlesien, das Land, in dem ich aufgewachsen war, ging verloren. So ist es wohl nicht überraschend, daß wir viele Jahre lang unsere Ferien in Frankreich verlebten, schließlich ein altes Weinbauernhaus erwarben und ganz und gar ins Languedoc übersiedelten, als wir in den Ruhestand gehen durften. Hier leben wir nun mit den südfranzösischen Bauern, helfen ihnen manchmal bei der Weinlese oder bei der Restaurierung ihrer Kirche, singen mit ihnen im Chor und feiern ihre Feste mit.

Ich bin Architekt. Schon beim Ausbau unseres Hauses hat mich die mediterrane Bauweise fasziniert, diese Architektur, die keinen Architekten hat. Wir streiften durch das Land, lernten andere Landschaften, andere Architekturen kennen : Die aus der Bronzezeit überlieferten Formen der Rundhäuser, in der Provence « borie », im Languedoc « capitelle », im Quercy « garriotte » genannt ; die breit gelagerten Fachwerkhäuser in den Landes ; die Bauernhäuser der Grande Brière mit ihren Schilfdächern und den blühenden Iris auf dem First ; die Kalksteinhäuser auf den hohen Causses, ganz ohne Holz gebaut, Wunderwerke der Wölbtechnik, usw...

Unser Haus mit seinen zwei Innenhöfen lehnt sich mit einem Flügel an den ehemaligen Kirchturm, mit einem anderen Bauteil an einen Taubenturm. Er gehört dem Nachbarn. Er ist ein noch gut erhaltener für das Languedoc typischer quadratischer Turm mit nach Süden geneigtem Pultdach. Wir beachteten ihn nicht besonders. Erst, als wir in der Gascogne die Architektur in ihrer Abhängigkeit vom Baumaterial studieren wollten, stießen wir auf die dortigen Taubentürme. Sie sind dort nicht nur sehr zahlreich, sondern auch in Gestalt, Bauweise und Architektur so vielfältig, daß wir sie zu unserer speziellen Forschungsaufgabe erkoren. Ich hatte das Glück, daß auch meine Frau, ehemalige Bibliothekarin, von diesen Forschungen begeistert war und nicht nur bei den Arbeiten in den Archiven und Bibliotheken, sondern auch im Feld beim Aufmaß und der Beschreibung wertvolle Hilfe leistete.

Viele Hinweise erhielten wir von Freunden und Bekannten und während unserer Reisen von freundlichen Menschen, die wir um Auskunft baten. Der Bürgermeister von Fauville in der Normandie, ehemaliger Tierarzt, kannte alle großen Güter der Umgebung, gab uns viele Adressen, telefonierte mit der Departementsverwaltung und schickte uns später noch weiteres Material. Oft führte man uns kilometerweit zu einem Taubenturm, den wir allein nicht gefunden hätten. Viele dieser menschlichen Begegnungen haben einen tiefen Eindruck in uns hinterlassen und unser Leben bereichert. Auch davon wird in diesem Buch die Rede sein.

Hanjo EIFLER

Vase sacré en forme de trois colombes
(2200-2000 av. J.C.)

Kultgefäß in Form dreier Tauben
(2200-2000 v. C.)

DIE TAUBE ALS HAUSTIER

LE PIGEON, ANIMAL DOMESTIQUE

Die Taube als Haustier hat eine alte Geschichte. Eine der ältesten Darstellungen einer Taube stammt aus dem vierten Jahrtausend v. C. aus Mesopotamien (24) ; im Buch Genesis des Alten Testaments sendet Noah eine Taube aus, um das Ende der Sintflut zu erkunden ; ein erhaltenes Kultgefäß aus Terrakotta der frühminoischen Periode (2200 bis 2000 v. C.) ist in Form dreier Tauben gebildet. Aus Funden in Kleinasien und Ägypten mit Darstellungen von Tauben kann geschlossen werden, daß die Taube bereits im dritten Jahrtausend v. C. in den Ländern um das Mittelmeer als Haustier gehalten wurde. Es ist anzunehmen, daß ihre Domestizierung mit dem Seßhaftwerden der nomadisierenden Stämme und dem Beginn des Ackerbaus zusammenfiel.

L'histoire du pigeon en tant qu'animal domestique est ancienne. La plus vieille représentation connue d'un pigeon remonte au quatrième millénaire avant J.C., en Mésopotamie (24) ; au chapitre de la Genèse, dans l'Ancien Testament, Noé envoie une colombe chercher un signe de la fin du Déluge ; un vase sacré en terre cuite, de la période protominoenne (2200 à 2000 av. J.C.) a la forme de trois colombes. Des représentations trouvées en Asie mineure et en Égypte, on peut conclure que le pigeon était déjà élevé dans les pays du pourtour de la Méditerranée au troisième millénaire av. J.C. Il est probable que sa domestication va de pair avec la sédentarisation des peuples nomades et le début de l'agriculture.

Pigeonnier dans les environs d'Ispahan (Iran)

Taubenhaus in der Umgebung von Isfahan (Iran).

Die Haustaube stammt von der Felsentaube (Colomba livia) ab, die in Felsenhöhlen und -nischen nistet und sich vorwiegend von Körnern ernährt. Sie ist in allen Mittelmeerländern verbreitet. Zunächst wurde sie wohl als Nahrungsspender geschätzt, später entdeckte man, ein wie wertvoller Dünger der Taubenmist ist. Alle Länder um das Mittelmeer besitzen große Flächen geringwertigen Ackerbodens, der durch Düngung verbessert werden kann. Jean-Baptiste Tavernier, der im 17. Jahrhundert den vorderen Orient bereiste und darüber ein Buch (48) veröffentlichte, schrieb : « Man ißt ein gutes Brot und trinkt einen ausgezeichneten Wein in Diabekir (am Tigris), und das Fleisch könnte nicht besser sein. Aber darüber hinaus ißt man Tauben, die an Größe und Zartheit unsere europäischen übertreffen. » Ferner : « In der Umgebung von Ispahan zählt man mehr als tausend Taubenhäuser, große Türme wie unsere Colombiers, aber fünf- oder sechsmal größer. Jeder darf auf seinem Grund ein Taubenhaus bauen, was jedoch selten geschieht. Die meisten gehören dem König, der mehr Geld aus dem Taubenmist als mit den Tauben selbst erlöst. Dieser Mist, den man aufbereitet, dient zur Düngung der Melonen... »

Es überrascht nicht, daß im vorderen Orient, vor allem in Ägypten und im heutigen Iran, die größten Taubenhäuser stehen, die wir kennen, oft tempelartige Rundhäuser, die bis zu 30 000 Taubenpaare beherbergen können. Sie sind zugleich Taubenmästereien und Düngerfabriken. Die schönsten Taubenhäuser stehen auf der Insel Tinos (Kykladen). Hans W. Silvester, der die Türkei und Ägypten bereiste, berichtete mir, daß dort die Tauben noch heute sowohl als Fleischspender wie auch als Düngerproduzenten gehalten werden, und daß der Taubenmist zusammen mit Eselsmist aufbereitet wird.

Aber die Bedeutung der Taube für den Menschen geht weit über ihren Nutzen als Nahrungs- und Düngerspenderin hinaus. Sie galt den alten Völkern als heiliges Tier, als Unglücksvogel, als Todes- oder Liebesbote. Sie war das Attribut von Göttinnen, Opfergabe und Friedensbringerin. Im Christentum ist sie Symbol des heiligen Geistes. Vielleicht ist der tempelartige Ausbau der Taubenhäuser im Orient auch ein Zeichen dieser Bedeutung. Vielleicht sind die

Le pigeon domestique descend de la colombe des rochers (Colomba livia) qui niche dans les grottes et anfractuosités de roche et se nourrit essentiellement de graines. Elle est répandue dans tous les pays méditerranéens. Elle a d'abord été appréciée comme mets, puis on découvrit quel magnifique engrais constituent ses fientes. Tous les pays situés autour de la Méditerranée possèdent de grandes étendues de terre de faible qualité que l'on peut améliorer par le fumage. Jean-Baptiste Tavernier, qui parcourut le Proche-Orient au XVIIe siècle, écrit dans son récit de voyage (48) : « On mange un bon pain et boit un excellent vin à Diabékir, et la viande n'y pourrait être meilleure. Mais on y mange aussi des pigeons qui, par la taille et leur chair tendre, dépassent ceux de notre Europe. » Et plus loin : « Dans la région d'Ispahan, on dénombre plus de mille pigeonniers, de grandes tours comme nos colombiers, mais cinq ou six fois plus importantes. Chacun peut construire un pigeonnier sur ses terres, ce qui est toutefois rarement le cas. La plupart appartiennent au roi, qui gagne plus d'argent avec les fientes de pigeons qu'avec les animaux eux-mêmes. Ces excréments, après préparation, servent d'engrais pour les melons... »

Il n'est pas étonnant de trouver au Proche-Orient, avant tout en Égypte et en Iran, les plus grands pigeonniers connus : ce sont souvent des bâtiments ronds, semblables à des temples, pouvant accueillir jusqu'à 30 000 couples de pigeons. Ils sont à la fois lieu d'engraissement et fabrique d'engrais. Les plus beaux d'entre eux, de véritables palais, se trouvent sur l'île de Tinos (Cyclades). Hans Silvester, qui a voyagé en Turquie et en Égypte, m'a raconté qu'aujourd'hui encore les pigeons y sont élevés aussi bien pour leur viande que comme producteurs d'engrais, et que l'on mélange leur fiente à des excréments d'âne.

Mais l'importance de la colombe, pour l'homme, va bien au-delà de son utilité comme source de nourriture et d'engrais. Elle était considérée chez les peuples antiques comme un animal sacré, comme oiseau de malheur, comme messager de mort, ou d'amour. Elle était l'attribut des déesses, offrande et porteuse de paix. Dans la religion chrétienne, elle est le symbole de l'Esprit Saint. Peut-être la ressemblance des pigeonniers d'Orient avec des temples est-elle un

hier beschriebenen prächtigen Taubentürme Frankreichs nicht nur als Prestigeobjekte so großartig ausgeführt, sondern es mag noch ein Nachhall der alten Verehrung dieser nützlichen Tiere in der Schönheit der Bauwerke mitschwingen.

Feste Häuser für Tauben finden sich auch in Großbritannien, wo sich, obwohl aus Frankreich eingeführt, ein eigener Stil entwickelte. Die schottischen Taubenhäuser, doocots genannt, in Form eines überdimensionalen Bienenkorbes (beehive type), und die rechteckigen mit dem Pultdach (lectern type) haben keine französischen Vorbilder.

signe de cette importance symbolique. Peut-être les colombiers de France décrits ici ne doivent-ils leur ampleur qu'à leur seule qualité d'objets de prestige ; peut-être faut-il voir dans leur beauté architecturale comme un écho de l'antique vénération pour ces animaux si utiles.

On trouve également des bâtiments maçonnés pour les pigeons en Grande-Bretagne où, bien qu'importé de France, un style propre s'est développé. Les pigeonniers écossais, appelés doocots, en forme de ruche surdimensionnée (beehive type) ou les colombiers rectangulaires à toit à une pente (lectern type) n'ont pas d'équivalent en France.

TAUBENHÄUSER IN SCHOTTLAND
PIGEONNIERS ÉCOSSAIS

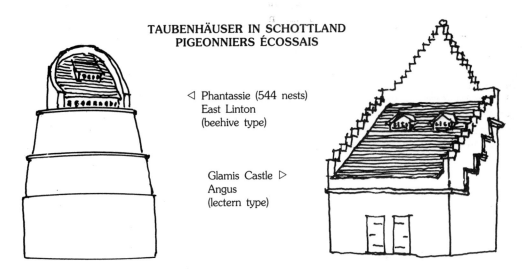

◁ Phantassie (544 nests)
East Linton
(beehive type)

Glamis Castle ▷
Angus
(lectern type)

In Deutschland und Österreich sind gemauerte Taubenhäuser selten. Am häufigsten ist, wenn überhaupt vorhanden, der Taubenschlag schmucklos im Ost- oder Südgiebel unterm Dach des Stalles untergebracht. Anspruchsvollere Taubenschläge sind meist aus Holz konstruiert, oft schön verziert und auf Holz- oder Steinpfosten gestellt.

In Frankreich sind die Taubenhäuser zahlreich. In manchen Gegenden prägen sie das Dorfbild. Ende des 18. Jahrhunderts wurden noch 42 000 Taubenhäuser (colombiers) gezählt. Die Tauben werden nicht nur für den Kochtopf gehalten, sondern auch, und dies in erster Linie, wegen ihres Kotes, der als hervorragender Dünger gebraucht wurde. Er war ein wertvolles Handelsgut. Im Quercy wurden 1837 für einen double décalitre 5 fr bezahlt (8). In den Pachtverträgen setzte man

En Allemagne et en Autriche, les pigeonniers en dur sont rares. Le plus souvent, quand il y en a un, il se trouve, orienté au sud ou à l'est sous le toit de l'étable, sans aucun apprêt. Les pigeonniers les plus plaisants sont la plupart du temps en bois, souvent bien ornementés et posés sur des piliers de bois ou de pierre.

En France, les pigeonniers sont nombreux. Dans bien des régions, ils donnent son cachet au village. A la fin du XVIIIᵉ siècle, on dénombrait encore 42 000 colombiers. On élevait le pigeon non seulement pour la table, mais aussi, et même avant tout, pour la colombine qui faisait un excellent engrais, et qui était une marchandise précieuse. En 1837, dans le Quercy, on en donnait 5 francs pour un double décalitre (8). Dans les contrats de métayage, on fixait la

die Menge des Taubenmistes fest, die dem Grund-
besitzer abzuliefern war, und sogar in den Heirats-
verträgen spielte er eine Rolle. Olivier de Serres
(1539-1619), Landwirtschaftsminister des Königs, beschreibt in seinem berühmten Lehrbuch
der Landwirtschaft (46) auch die Taubenhaltung
und die Anwendung des Taubenmistes.

Obwohl viele der schönsten Taubentürme in
der französischen Revolution zerstört worden
sind, die Taubenzucht mit dem Aufkommen des
Kunstdüngers nach und nach aufgegeben wurde
und seitdem viele der Taubenhäuser, vor allem die
Lehmbauten, verfallen sind, gibt es noch immer
überraschend viele, die nun auch wieder restauriert und gepflegt werden. Henri Astruc hat sich
die Mühe gemacht, die im Departement Tarn
erhaltenen Taubenhäuser, rund 1 700, aufzusuchen, einige hundert davon zu fotografieren und
zu beschreiben. Seine Aufzeichnungen sind 1971
erschienen (2), inzwischen jedoch vergriffen.

Heute sind die Taubentürme nur noch selten
mit Tauben besetzt. « Il y a trop de chasseurs » – es
gäbe zu viele Jäger in Frankreich, erklärte uns ein
Bauer im Quercy, der uns voller Stolz seinen
Taubenturm zeigte.

VERBREITUNG
DER TAUBENHÄUSER
IN FRANKREICH

Nicht überall in Frankreich sind Taubenhäuser
verbreitet. Sie fehlen im Departement Landes,
dem größten zusammenhängenden Waldgebiet
Frankreichs, in den Pyrenäen, den waldreichen
und gebirgigen Regionen des Zentralmassivs und
der Alpen. Sie sind zahlreich im Süden Frankreichs, weniger häufig, dafür aber größer und
prächtiger im Norden. Ihre Verbreitung hängt ab
von der Möglichkeit, die Tauben auf natürliche
Weise zu ernähren.

In Rambouillet, der Bergerie Nationale (Centre
d'Enseignement Zootechnique), die selbst einen
der größten Taubentürme besitzt, wird eine Karte
von Frankreich gezeigt (nach Klatzmann), auf der
die Verbreitung der Taubenhäuser mit der des
Getreideanbaus verglichen wird. Das Zusammen-
treffen von Getreideanbau und Taubenzucht er-
scheint einleuchtend, da hier nicht nur die

quantité de colombine qui devait être fournie au
propriétaire des terres, et elle apparaissait même
dans les contrats de mariage. Dans son célèbre
traité sur l'agriculture (46), Olivier de Serres
(1539-1619), ministre de l'Agriculture du Roi,
décrit aussi l'élevage des pigeons et l'emploi de
leurs fientes.

Bien que nombre des plus beaux pigeonniers
aient été détruits pendant la Révolution, malgré
l'abandon de l'élevage du pigeon avec la venue
des engrais modernes, et malgré le délabrement
de nombreux colombiers, notamment ceux
construits en torchis, on peut encore en voir un
nombre étonnant, qui bien souvent sont restaurés
et entretenus. Henri Astruc s'est donné la peine
de recenser les pigeonniers encore existants dans
le département du Tarn (environ 1 700), d'en
photographier et décrire quelques centaines. Ces
notes ont été éditées en 1971 (2), mais l'ouvrage
est actuellement épuisé.

De nos jours, les colombiers abritent rarement
des pigeons. « Il y a trop de chasseurs en
France », nous a dit un paysan du Quercy en
nous montrant fièrement son colombier.

RÉPARTITION
GÉOGRAPHIQUE
DES PIGEONNIERS

On ne trouve pas des pigeonniers partout en
France. Ils sont absents du département des
Landes, le massif forestier le plus étendu de
France. On n'en trouve pas non plus dans les
Pyrénées, dans les régions boisées et monta-
gneuses du Massif central et des Alpes. Ils sont
nombreux en France du sud, moins répandus
par contre dans le nord du pays, mais d'autant
plus grands et richement ornés. La répartition
des colombiers dépend en fait de la possibilité
de nourrir les pigeons de manière naturelle.

A la Bergerie Nationale de Rambouillet (Centre
d'Enseignement Zootechnique), qui possède elle-
même un des plus grands colombiers, on peut
voir une carte (d'après Klatzmann) comparant
la répartition des pigeonniers et les zones de
cultures du blé. Le lien entre ces dernières et
l'élevage du pigeon y apparaît avec évidence ;
dans ces zones, non seulement on avait la

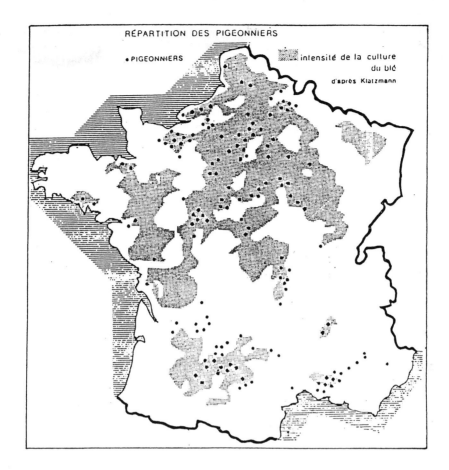

RÉPARTITION DES PIGEONNIERS

• PIGEONNIERS

intensité de la culture
du blé

d'après Klatzmann

Möglichkeit gegeben war, die Tauben zu ernähren, sondern auch der Taubenmist für die Kultur benötigt wurde. Dabei ist zu bedenken, daß die Getreideanbaufläche Frankreichs vor der Erfindung des Kunstdüngers wesentlich kleiner war als heute. So sind Taubenhäuser zum Beispiel zahlreich in der Limagne, fehlen jedoch in der benachbarten Auvergne. Die dichteste Konzentration von Taubenhäusern finden wir in der Gascogne, und zwar in den Flußtälern der Garonne, des Tarn und des Lot und ihrer Nebenflüsse, und auf den Causses, doch fehlen sie in der Nähe der Pyrenäen. In der Camargue stammen die meisten der Höfe (mas) mit ihren schönen Taubentürmen aus dem 17. und dem Anfang des 18. Jahrhunderts, einer Epoche, in der dort vorwiegend Weizen angebaut wurde. Die schönsten Taubentürme Frankreichs stehen in der Normandie, wo sie sehr zahlreich im Pays de Caux sind, seltener jedoch in den waldreichen Gebieten des Ostens und in der Bretagne, deren karger Boden nur wenig Getreideanbau erlaubte.

possibilité de nourrir les pigeons, mais la colombine était également utilisée comme engrais. Il faut songer à ce sujet que l'étendue des cultures céréalières en France était beaucoup plus réduite, avant l'invention des engrais chimiques, que de nos jours. C'est ainsi que les pigeonniers sont par exemple nombreux dans la Limagne mais qu'ils sont absents de l'Auvergne voisine. Les concentrations les plus fortes se trouvent en Gascogne, et ce dans les vallées de la Garonne, du Tarn, du Lot et de leurs affluents, ainsi que dans les Causses ; on n'en rencontre par contre plus aucun dès que l'on s'approche des Pyrénées. En Camargue, la plupart des mas qui présentent de beaux pigeonniers datent du XVIIe ou du début du XVIIIe siècle, une époque où l'on cultivait là-bas encore essentiellement du blé. Les plus beaux colombiers de France se trouvent en Normandie, où ils sont très nombreux dans le pays de Caux, alors qu'ils sont bien plus rares dans les régions boisées de l'Est, ainsi qu'en Bretagne, dont le sol très pauvre n'a jamais permis beaucoup de cultures.

DAS RECHT
DER TAUBENHALTUNG

Die unterschiedliche Verteilung der Taubentürme hat ihre Ursache nicht nur in der Ausbreitung des Getreideanbaus und den landschaftlichen Gegebenheiten, sondern auch in der verschiedenen Rechtsprechung im Norden und Süden Frankreichs.

Von alters her war Grundbesitz und, davon abhängig, das Recht auf Taubenhaltung dem adligen Grundherrn vorbehalten. Doch gab es auch da Unterschiede. In der Bretagne war das Recht nicht an den Adelstitel, wohl aber an Grundbesitz gebunden. Einen Colombier à pied allerdings durfte nur ein adliger Grundherr errichten, der die Gerichtsbarkeit ausübte (seigneur haut justicier). Ähnlich waren auch die Rechtsbestimmungen in der Provence. Die Bedingung, einen gewissen Landbesitz als Voraussetzung für die Taubenhaltung nachzuweisen, galt allgemein. Das ist auch verständlich, wenn man bedenkt, daß sich die Tauben ja von den Körnern des Ackers, auch der Saat, ernähren. So wurden im Landrecht von Orleans (Art. 168) mindestens 100 arpents (Morgen) kultivierbaren Bodens in der Umgebung des Taubenhauses verlangt. Im Pariser Landrecht waren es 50 arpents, in anderen manchmal nur 36. Das Recht der Taubenhaltung hatte nur der Grundherr, nicht aber der Pächter, sofern es ihm im Pachtvertrag nicht ausdrücklich gewährt wurde. Es erstreckte sich auf den gesamten Besitz, auch auf die verpachteten Teile. In manchen Pachtverträgen war ausdrücklich eine Klausel aufgenommen, nach der der Pächter entschädigungslos die Tauben des Grundherrn auf den von ihm bestellten Feldern dulden mußte.

In den südlichen Provinzen, wo das römische Recht teilweise noch galt oder in das Landrecht sinngemäß eingegangen war, waren die Beschränkungen geringer. So war zum Beispiel im Landrecht von Béarn (1300) und dem von Lezat (1299) und anderen das Recht der Taubenhaltung formell bestätigt. Es existierte also allgemein, wurde aber vom Adel bestritten. Im Languedoc und der Provence gab es lediglich die Einschränkung, daß einen Colombier à pied mit Zinnen und Schießscharten nur Adlige errichten durften.

LE DROIT
DES COLOMBIERS

L'implantation des cultures céréalières et les conditions géographiques et climatiques ne sont pas la seule cause des différences constatées dans la répartition des pigeonniers en France ; des juridictions différentes au nord et au sud du pays offrent une autre possibilité d'explication.

Traditionnellement, la possession et son corollaire, le droit, d'y élever des pigeons, étaient réservés aux nobles. Encore peut-on fréquemment constater quelques nuances. En Bretagne par exemple, ce droit n'était pas lié au titre de noblesse, mais bien plutôt à la possession des domaines. Un « colombier à pied », toutefois, ne pouvait être érigé que par un seigneur haut justicier. La même règle s'appliquait également en Provence.

La disposition qui faisait de la possession d'une certaine surface de terres la condition préalable à l'élevage des pigeons était, elle, générale, ce qui s'explique aisément par le fait que les pigeons se nourrissent du grain sur pied ou des semences. Ainsi, la Coutume d'Orléans (art. 168) exigeait au minimum 100 arpents de terre cultivable aux alentours d'un pigeonnier. Dans la Coutume de Paris, c'étaient 50 arpents, dans d'autres régions parfois seulement 36. Le droit de colombier était l'apanage exclusif du propriétaire du fief ; le fermier ne possédait pas ce droit, à moins qu'il ne lui fût expressément accordé par le contrat de fermage. Il s'étendait à tout le domaine, y compris les terrains affermés. Dans maints contrats de fermage, une clause obligeait expressément le fermier à tolérer les pigeons du seigneur sur les terres cultivées par lui, et ce sans aucune contrepartie.

Dans les provinces méridionales, dans lesquelles prévalait encore en partie le droit romain ou dans lesquelles il avait inspiré le droit coutumier local, les restrictions étaient moindres. Ainsi le droit de colombier était-il formellement confirmé par exemple dans la Coutume du Béarn (1300) ou celle de Lézat (1290), entre autres. Son existence était donc générale, mais elle était contestée par la noblesse. En Languedoc et en Provence, la seule restriction était qu'un « colombier à pied » orné de créneaux et de meurtrières

Blieben die Tauben im Schlag oder in Volieren eingeschlossen, war Taubenhaltung jedermann erlaubt. In den Städten war sie wegen der Verschmutzung verboten.

Das Vorrecht der Taubenhaltung wurde die Ursache zu vielen Prozessen : wegen der in den Kulturen verursachten Schäden, gegen diejenigen, die sich wehrten, indem sie die Tauben töteten, denn diese Jagd war verboten ; gegen Priester, die ihren Kirchturm zum Taubenturm umfunktionierten. Dieses Privileg wurde mehr und mehr gehaßt. So war es auch eines der ersten der feudalen Vorrechte, die in der berühmten Nacht des 4. August 1789, in der die Abschaffung der Vorrechte des Adels beschlossen wurde, aufgehoben wurde :

« *Das Sonderrecht der Taubenhaltung ist aufgehoben. Die Tauben müssen in den von den Gemeinden festgesetzten Zeiten eingeschlossen bleiben, gelten während dieser Zeit als Wild, das jedermann auf seinem Grund töten darf.* » *(Dekret vom 11. August 1789)*

Für den Norden war das ein krasser Wechsel. In der Normandie und der Bretagne erhielten wir auf unsere Frage nach einem Taubenturm von den Besitzern zuweilen die Auskunft, er sei leider während der Revolution zerstört worden. Man kann sich die Wut der bis dahin benachteiligten Bauern lebhaft vorstellen. Es ist interessant, daß auf der Kanalinsel Sark noch heute das alte Recht gilt, nach dem nur der Herr der Insel (heute Seigneur Michael Beaumont) Tauben und nicht sterilisierte Hündinnen halten darf.

Im Süden verlief die Entwicklung wesentlich geschmeidiger. Gestützt auf geschriebenes Recht begannen schon im 13. Jahrhundert Bürgerliche um ihr Recht mit mehr oder weniger Erfolg zu streiten. Erst im 17. Jahrhundert gelang aber die Gleichstellung von adligen und nichtadligen Grundbesitzern. Die Herren stritten zuletzt nur noch um eine Abgabe, eine Art Steuer auf bürgerliche Taubenhäuser, die sich inzwischen sehr vermehrt hatten. Diese Forderung sei ein Teil des Lehensrechts, argumentierten sie, dem alle Bürgerlichen, die Land aus Feudalbesitz erhalten hatten, unterworfen seien. Der König jedoch, der die Unterstützung der Bürger gegen die selbstherrlichen Adligen brauchte, hob die Steuer 1684 auf. Damit wurde das Recht, Tauben zu halten, zu einem Grundrecht, das

ne pouvait être édifié que par des nobles. Tout le monde, par ailleurs, avait le droit d'élever des pigeons si ceux-ci restaient au colombier ou demeuraient enfermés dans des volières. En ville, l'élevage de pigeons était interdit à cause des salissures.

Le privilège du droit fut l'occasion de nombreux procès : à cause de dégâts causés aux cultures, contre ceux qui se défendaient en tuant les pigeons (car la chasse en était interdite), contre les ecclésiastiques aussi qui utilisaient leur clocher comme pigeonnier. Ce privilège devint donc l'objet d'une haine grandissante. Ce qui explique qu'il constitua l'un des premiers droits féodaux abolis lors de la nuit du 4 août 1789.

« *Le droit exclus des fuies et des colombiers est aboli. Les pigeons seront enfermés aux époques fixées par les communautées, et, dans ce temps, ils seront regardés comme gibier, et chacun aura le droit de les tuer sur son terrain.* » *(Décret du 11 août 1789)*

Dans le nord de la France cette mesure amena un changement radical. Lorsque, en Normandie ou en Bretagne, nous demandions s'il y avait sur le domaine un colombier on nous répondait qu'il avait malheureusement été détruit pendant la Révolution. On peut facilement imaginer la fureur des paysans jusque-là si lésés. Il est à ce titre fort intéressant de constater que de nos jours, sur l'île anglo-normande de Sark, seul le souverain local (actuellement Seigneur Michael Beaumont) a, selon l'usage ancien, le droit d'élever des pigeons, ainsi que des chiennes non stériles.

Dans le sud, l'évolution fut plus douce. S'appuyant sur la législation écrite, les bourgeois commencèrent, dès le XIIIᵉ siècle, à revendiquer leur droit, avec plus ou moins de succès. Mais ce n'est qu'au XVIIᵉ siècle que l'on vit une égalité de traitement entre propriétaires nobles et roturiers. Les seigneurs, à la fin, ne se battaient plus que pour se voir concéder un impôt, sorte de redevance sur les pigeonniers bourgeois, qui s'étaient entre-temps multipliés. Cette exigence, disaient-ils, ne faisait que se conformer aux droits du suzerain, droits auxquels devaient obéir tous ceux qui, sans appartenir à la noblesse, avaient reçu des terres féodales. Cependant le roi, qui désirait s'assurer le soutien des classes bourgeoises contre l'autorité des nobles, supprima l'impôt en 1684. Ainsi le droit de faire élevage de pigeons fut reconnu comme

demjenigen zustand, der genügend Land besaß, die gefräßigen Vögel zu ernähren.

Auch die Größe eines Taubenhauses war durch Gesetz geregelt. Im allgemeinen war je Taubenpaar, also je Nistplatz 1 arpent (je nach Region 2000 bis 3000 m²) kultivierbarer Landbesitz erforderlich. Da man so an der Größe des Taubenturms leicht den Reichtum eines Grundherrn ablesen konnte, wurde er zum Prestigeobjekt, auf dessen Gestaltung man besonderen Wert legte.

un droit fondamental à quiconque possédait assez de terres pour nourrir ces volatiles voraces.

La loi réglementait également la taille d'un colombier. On exigeait généralement pour un couple de pigeons, donc par nichoir, un arpent de terre cultivable, c'est-à-dire de 2000 à 3000 m² selon les régions. Comme l'on pouvait ainsi aisément, d'après l'ampleur d'un pigeonnier, estimer la fortune de son propriétaire, il devint un élément de prestige à la construction duquel on attachait une grande importance.

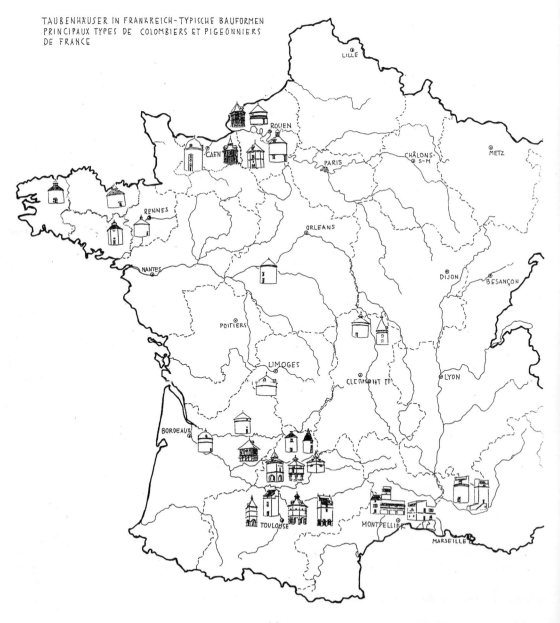

TAUBENHÄUSER IN FRANKREICH-TYPISCHE BAUFORMEN
PRINCIPAUX TYPES DE COLOMBIERS ET PIGEONNIERS
DE FRANCE

BAUWEISEN UND EINZELHEITEN DER TAUBENHÄUSER

Die allgemeine Bezeichnung für Taubenhaus lautet in Frankreich « pigeonnier ». Unter einem « colombier » versteht man einen turmartigen Bau größeren Ausmaßes, gemauert oder als Fachwerkkonstruktion, der zu einem feudalen Besitz gehört oder gehörte. Der Ausdruck ist heute nur noch in Nordfrankreich gebräuchlich. Mit « colombier à pied » wird ein einzelstehender Taubenturm bezeichnet, der in ganzer Höhe Nisthöhlen enthält, im Gegensatz zu den mehrgeschossigen gemischt genutzten Türmen und den in Giebeln oder Dachaufbauten untergebrachten oder auf Pfosten gestellten Taubenschlägen, die « volet » oder « fuie » genannt werden. In der Gascogne war auch die Bezeichnung « hune » für einen Taubenturm geläufig.

Weitere mit dem Thema zusammenhängende französische Bezeichnungen sind im Glossar am Schluß des Buches erklärt.

Die ältesten der heute noch erhaltenen Taubentürme sind feudalen Ursprungs. Sie stammen aus dem 13. bis 15. Jahrhundert. Bei ihnen gelingt es häufig, ihr Alter zu bestimmen, sei es, daß das Baujahr an dem Bau selbst vermerkt ist, oder daß ihre Architektur mit der des Schlosses übereinstimmt, dessen Baugeschichte überliefert ist. Oft jedoch ist der Taubenturm das älteste Gebäude des Besitzes, manchmal das einzige noch vorhandene, wie zum Beispiel der mit Zinnen und Türmchen bestückte von 1546 der ehemaligen Abtei Saint-Théodard in Montauban, an die nur noch ein Straßenname erinnert.

Die Datierung der bäuerlichen Taubenhäuser ist schwierig. Nur wenige stammen aus dem 17. Jahrhundert oder aus noch früherer Zeit, viele jedoch aus dem 18. Jahrhundert. Man kann sie auch selten stilistisch einordnen, da ihre Architektur häufig vom persönlichen Geschmack des Erbauers bestimmt ist. Anderseits spiegeln sich in ihnen die in der Region heimischen Bauweisen und Traditionen.

MODES ET PARTICULARITÉS DE CONSTRUCTION

Le mot « pigeonnier » est un mot générique. Par « colombier » on entend une construction en forme de tour, de dimensions assez importantes, en pierre ou à colombages, qui appartient ou appartenait à un domaine féodal. Le mot n'est plus usité de nos jours que dans le nord de la France. Le terme « colombier à pied » désigne un pigeonnier indépendant qui comporte des boulins sur toute sa hauteur, par opposition avec les édifices à usage multiple et à plusieurs étages, ou avec des pigeonniers installés sur des pignons, dans les greniers ou encore posés sur des piliers, que l'on appelle « volet » ou « fuie ». En Gascogne, on employait également souvent le mot « hune » pour désigner un colombier.

Les plus anciens des pigeonniers conservés jusqu'à nos jours sont d'origine féodale et datent du XIIIe au XVe siècle. Il est fréquemment aisé de déterminer leur âge, soit parce que l'année de construction est indiquée sur l'ouvrage lui-même, soit parce que son architecture concorde avec celle du château, dont on peut par ailleurs, à travers des documents, préciser l'histoire. Souvent, toutefois, le colombier demeure le bâtiment le plus ancien du domaine ; parfois aussi il constitue l'unique édifice qui en est resté, tel le colombier à créneaux et tourelles daté de 1546, appartenant à l'ancienne abbaye de Saint-Théodard à Montauban, dont seul le nom d'une rue rappelle actuellement l'existence.

La datation des pigeonniers paysans est difficile. Un petit nombre d'entre eux remonte au XVIIe siècle ou à une époque antérieure, beaucoup cependant datent du XVIIIe. Il est également rare de pouvoir les ranger dans une catégorie de style bien précis, tant leur architecture dépend de l'individualité de leur constructeur. D'un autre côté, on décèle en eux l'influence des modes de construction et des traditions propre à la région.

Doch auch dabei wird man leicht zu falschen Schlüssen verführt. So existiert im Süden Frankreichs eine Bauweise, die aus der Bronzezeit oder sogar aus dem Neolithikum stammt, in dem sich der Massivbau entwickelte. Es sind Rundbauten aus Feldsteinen mit Kragsteinkuppeln. Man nennt sie in der Provence « borie », im Languedoc « capitelle », in der Gascogne « garriotte » oder « cazelle ». Ähnliche Bauten gleichen Ursprungs sind die Nuragen auf Sardinien und die Trulli Apuliens. Diese Bauweise wurde in Frankreich für untergeordnete landwirtschaftliche Zwecke, in vereinzelten Fällen sogar für Wohnbauten, noch im 19. Jahrhundert angewandt. Der einzige « pigeonnier-borie » von Chadouillet (siehe unten), den wir fanden, stammt also gewiß nicht aus der Steinzeit.

Mais il convient là aussi de se méfier des conclusions trop hâtives. C'est ainsi qu'il existe dans le sud de la France une technique de construction issue de l'âge du bronze ou même de l'époque néolithique, moment où se développait la construction d'habitations en dur. Ce sont des bâtiments circulaires faits de pierres brutes, à dôme en tas de charge. On les nomme « borie » en Provence, « capitelle » en Languedoc, « garriotte » ou « cazelle » en Gascogne. Les « nuraghes » de Sardaigne et les « trulli » d'Apulie sont des édifices analogues, de même origine. Cette technique fut employée en France méridionale pour des bâtiments agricoles de moindre importance, dans quelques cas isolés pour des habitations, jusqu'au XIXe siècle. Le « pigeonnier-borie » que nous avons trouvé à Chadouillet (dessin ci-dessous), ne date évidemment pas de l'âge de la pierre.

CONSTRUCTIONS EN COUPOLE
KUPPELBAUTEN

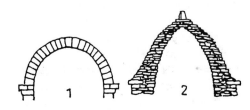   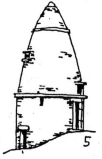

1) Coupole en pierres
Keilsteinkuppel, die Wölbsteine sind keilförmig

2) Coupole en tas de charge, les pierres plates sont posées en cercles toujours plus rétrécis jusqu'au dôme fermé

Kragsteinkuppel, die flachen Wölbsteine werden waagerecht in immer engeren Ringen bis zum Schluß in der Spitze verlegt

3) Borie (Provence), capitelle (Languedoc)

4) Garriotte, cazelle, cabane (Gascogne)

5) Pigeonnier-capitelle (Chadouillet dans l'Ardèche)

Wichtig ist die Beachtung gewisser Regeln beim Bau eines Taubenhauses.

In seinem berühmten Lehrbuch der Landwirtschaft, dem « Théâtre de l'Agriculture » (46) gibt Olivier de Serres ausführliche Anweisungen für den Bau und die Einrichtung eines Taubenhauses. Ich zitiere hier einige interessante Textstellen aus dem Kapitel VIII « Le Pigeonnier ou Colombier ».

Über die Gestalt des Taubenturms :

Was seine Gestalt betrifft, so halte ich,

Le respect de certaines règles est déterminant pour l'édification d'un pigeonnier.

Olivier de Serres donne dans son fameux traité « Théâtre de l'Agriculture » (46) des instructions détaillées pour la construction et l'aménagement d'un colombier. Je vais en citer quelques parties intéressantes du chapitre VIII « Le Pigeonnier ou Colombier ».

De la figure du colombier :

Quant à la figure, encore que toutes soyent bonnes, je tiens la ronde meilleure qu'aucune

wenn auch alle anderen gut sind, doch die runde für besser als jede andere Form, hauptsächlich, weil die Ratten an ihr weniger Zugang finden als an der eckigen (...) Außerdem, weil darin die Drehleiter, deren Weg sich vollkommen der Kreislinie anpaßt, euch im Innern leicht überall hinträgt.

Außen soll der Taubenturm von zwei oder drei Gesimsen umgeben sein, damit die Tauben auf ihnen wie auf einer Galerie ganz nach Wunsch ihre Behausung umrunden und die ihnen angenehmste Himmelsrichtung wählen können (...) Diese Gesimse sollen steinmetzmäßig bearbeitet und wie eine umgestülpte Rinne versetzt werden (...), sodaß sie den Aufstieg der Ratten am Taubenturm verhindern.

In manchen Gegenden der Guyenne und anderswo in diesem Königreich bedient man sich einer Art Taubenturm, « foine » genannt, der, anders als die übrigen, anstelle aller Öffnungen nur ein einziges Loch an der Spitze hat, das sowohl der Belichtung des Taubenturms dient, wie auch als Ein- und Ausgang für die Tauben, die (ohne zu fürchten, von Raubvögeln verfolgt zu werden) darin flugs nach unten verschwinden können.

O. de Serres empfielt auch

... den auf Pfeilern gesetzten (Taubenturm), unter dem der Raum frei bleibt, sodaß das bösartige Viehzeug nur an den Pfeilern nach oben kann, was leicht verhindert werden kann, wenn man die Pfeiler an gewissen Stellen mit einem Gürtel aus Weißblech umgibt, der den Ratten den Weg abschneidet.

Gewöhnlich gibt man dem Taubenturm auf Pfeilern nur ein Obergeschoß, weil der Raum unter den Bögen offen bleibt. In einer anderen Version sind es zwei Geschosse, indem das Erdgeschoß als Hühner- oder Schweinestall oder je nach den Umständen auch anders genutzt wird. Wer sich jedoch darauf am besten versteht, macht ihn zur Gänze zum Taubenhaus, vom Boden bis unters Dach, um die Taubenwohnung angenehmer, frisch oder warm zu haben, je nach Standort und Jahreszeit...

Über die Wahl der Baustoffe :

Der Baustoff für den Taubenturm wird von den örtlichen Gegebenheiten abhängen (...) Können wir wählen, nehmen wir Stein oder

autre, principalement à raison de ce que les rats n'y ont tant d'accès, qu'à l'angulaire (...) De ce aussi que l'échelle tournante sur un pivot vous porte aisément par tout l'intérieur du colombier, (...) s'accordant parfaitement le chemin d'échelle à la circonférence d'icelui.

De deux ou trois ceintures sera environné l'extérieur du colombier, pour que icelles les pigeons, comme en une gallerie, se pourmener à l'aise en tournoyans leur habitation, choissisans les plus agréables parties du ciel (...) Ces ceintures-ci seront et taillées et posées, assavoir en canal renversé (...), rendront impossible le chemin des rats au colombier par dehors.

En plusieurs endroits de la Guyenne et autres de ce royaume, se sert-on d'une sorte de colombier, appelé foine : en ce différente des autres, que par toutes ouvertures n'ont qu'un trou au plus haut du toict : servant et pour donner jour au colombier, et pour entrée et issue aux pigeons : lesquels fondans en bas (sans crainte d'estre suivis par les oiseaux de proie) y descendent aisément.

O. de Serres recommande aussi

... celui qui est assis sur des pilliers, lesquels portans le bastiment laissant vuide le bas, et par conséquant ce méchant bestail n'a accès au colombier, que par des pilliers, à quoi facilement est remédié, entourant les pilliers avec du fer blanc en certains endroits, comme des ceintures, dont le chemin estant trenché aux rats venant de dehors...

Qu'un estage ne donne-t-on communément au colombier-à-pilliers, parce que le bas demeure ouvert sous les arceaux. Suivant l'autre façon du colombier, aucuns y en laissent deux faisans celui rès de terre, en poulailler, porcherie, ou à autre usage, selon l'asiete. Mais qui s'entend le mieux à cela, de tout son colombier n'en faict qu'un membre, régnant depuis le rès de chaussée ou de terre, jusque au-dessus de la couverture, afin de rendre l'habitation des pigeons, et plus agréable, fresche et chaude, selon les endroits du colombier, et les saisons...

De la matière du colombier :

Selon la commodité du pays sera la matière du colombier (...) Pouvant choisir

Ziegel für das Mauerwerk und für die Nester ausschließlich gebrannten Ton. Es ist eine wichtige Sache, dem Schaden vorzubeugen, den die Ratten dem Taubenhaus zufügen.

Gebrannter Ton, Stein und Holz sind gewöhnlich die Materialien, aus denen man die Nester macht. Die Taube bevorzugt vor allen anderen den gebrannten Ton : er hält kühl im Sommer und ist nicht zu kalt im Winter, Eigenschaften, die weder der Stein noch das Holz haben (...) Diejenigen, die Weidenkörbe als Nester benutzen, scheinen wegen der Ungeziefer an die leichte Reinigung zu denken (...) Es ist auch wünschenswert, die legenden und brütenden Tauben und die Jungtauben, die, bis sie ausfliegen dürfen, eingeschlossen bleiben, in eher dunkleren Nestern zu halten (...) Deshalb formt man die Taubennester in Frankreich aus Flachziegeln : diese wie die Fächer einer Anrichte geformten Nester sind in einer Ecke immer dunkel, wohin sich die Tauben still zurückziehen können, ohne gesehen zu werden...

Mit runden Dachziegeln baut man die Nester im Languedoc, der Provence und Umgebung (...) Wer Gips zur Verfügung hat, wird die Nester ganz daraus machen und sie an den Ständern befestigen, wie es das Material ergibt.

Im Larousse von 1869 finden sich folgende Angaben :

Die Tauben brauchen Ruhe, Sauberkeit und Freiheit : man soll daher das Taubenhaus dort aufstellen, wo seine Bewohner nicht durch Lärm belästigt werden (...) Ferner soll der Bau an einem möglichst trockenen, im Windschutz gelegenen Platz errichtet werden und nach Osten und Süden ausgerichtet sein. Der Rundbau ist am geeignetsten, da er erlaubt, in der Mitte des Taubenhauses eine Drehleiter anzubringen, die die Wartung der Nester ermöglicht (...) Außen soll der Taubenturm ein Traufgesims erhalten, das mindestens 0,25 m auskragt, um die Raubtiere, wie Ratten, Marder, Iltisse usw. am Eindringen zu hindern (...) Die Nester, Behälter oder Nisthöhlen von 0,25 m² Größe werden in der Wand ausgespart oder besser davor angebracht. Die erste Reihe befindet sich 1,50 m über dem Fußboden, die zweite

pour les murailles, nous prendrons la pierre ou la brique, et pour les nids, la seule terre cuite. C'est chose très-necessaire, de prévenir le dégast que font les rats au colombier.

La terre cuite, la pierre, et le bois, sont les plus communes matières dont on faict les nids des pigeons. Le pigeon sur toute autre matière, choisit la terre cuite : pour estre fresche en esté, et non trop froide en hyver : qualités qu'on ne treuve ni en la pierre, ni au bois. (...) Ceux qui font leurs boulins ou nids de pigeons dans des paniers d'ozier, semblent pourvenir à l'importunité des bestioles nuisibles, pour la facilité du nettoyer (...) Désirant aussi les pigeons, pondans et couvans, et les petits enclos jusqu'à ce qu'ils s'envolent, d'estre en nid plus obscur que clair (...) C'est pourquoi en France l'on façonne les nids de pigeon avec de la brique plate : car l'accomodant à la mode d'armoires du buffet, les nids demeurent tous-jours obscurs en l'un des bouts, où secrettement les pigeons se retirent, sans estre veus...

Avec des tuiles rondes façonne-on des nids de pigeons en Languedoc, Provence et ès environs (...) Qui a commodité de plastre, en façonnera entièrement ses nids, l'attachant aux chevrons, selon le naturel de la matière.

Le Larousse de 1869 nous livre, à l'article « Colombier », les indications suivantes :

Les pigeons recherchent le calme, la propreté et la liberté : on doit donc placer le colombier de manière que ses habitants ne soient inquiétés par aucun bruit (...) Cette construction doit, de plus, être élevée sur un terrain aussi sec que possible, à l'abri des vents dominants, et exposée au levant et au midi. La forme ronde est la plus convenable, en ce qu'elle permet de placer au centre du colombier une échelle tournante qui facilite la visite des nids (...) Le colombier doit être surmonté à l'extérieur d'une corniche de pierres, faisant saillie de 0 m 25 au moins, afin d'empêcher les animaux nuisibles, tels que rats, fouines, putois, etc., de pénétrer dans le pigeonnier (...) Les nids, manoques ou boulins, de 0 m² 25, sont ouverts dans le mur ou mieux placés contre (...) Le premier rang de nids est établi à 1 m 50 du plancher, le second immédiate-

unmittelbar darüber und so weiter bis 0,70 m unterhalb des Daches. In der Höhe des Dachstuhls befindet sich ein Sims, auf dem die Tauben sich an schlechten Tagen aufhalten (...) Man reinigt den Taubenturm mehrmals im Jahr, vor und nach dem Winter und nach der ersten und zweiten Brut. Man soll den Colombier nur betreten, wenn es notwendig ist, und dann erst vorsichtig an die Tür klopfen, bevor man eintritt, um die brütenden Mütter nicht zu sehr zu erschrecken. Gleich danach streue man Körner auf den Boden und locke sie herbei...

Der Autor hat einen Taubenturm im Sinn, wie er vorwiegend in Nordfrankreich zu finden ist (siehe Zeichnung).

ment au-dessus, et ainsi de suite jusqu'à 0 m 70 du toit. Près des combles se trouve une banquette sur laquelle se promènent les pigeons, les jours de mauvais temps. On nettoie les colombiers plusieurs fois par an, avant et après l'hiver, et après la première et la seconde couvaison. On ne doit visiter le colombier que lorsqu'il y a nécessité de le faire, et, dans ce cas, il faut prendre la précaution de frapper de petits coups à la porte avant d'entrer, afin de ne pas trop effaroucher les mères. Aussitôt qu'on est rentré, on jette des grains sur le plancher, et l'on siffle pour amener les pigeons...

La description fait songer à un type bien précis de colombier, tel qu'on le rencontre essentiellement dans le nord de la France (ill. ci-dessous).

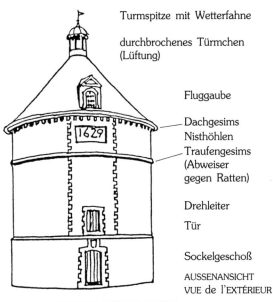

Turmspitze mit Wetterfahne

durchbrochenes Türmchen (Lüftung)

Fluggaube

Dachgesims
Nisthöhlen
Traufengesims
(Abweiser gegen Ratten)

Drehleiter

Tür

Sockelgeschoß

AUSSENANSICHT
VUE de l'EXTÉRIEUR

NORMANNISCHER TAUBENTURM

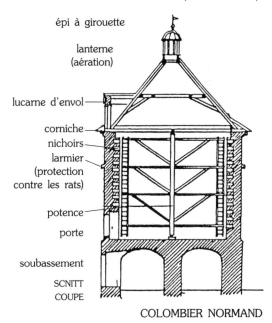

épi à girouette

lanterne (aération)

lucarne d'envol

corniche
nichoirs
larmier
(protection contre les rats)

potence

porte

soubassement

SCNITT
COUPE

COLOMBIER NORMAND

Hier folgt eine Zuzammenstellung der wichtigsten Bauregeln und Details und ihre praktische Verwirklichung :

1) Der Platz für ein Taubenhaus soll in der Nähe des Gutes, geschützt vor Lärm und Wind liegen, die Flugöffnungen nach Süden und/oder Osten ausgerichtet sein.

Auf den großen Gütern wird der Taubenturm in nicht allzu weiter Entfernung vom Herrenhaus ins freie Feld gestellt, manchmal in repräsentativer Anordnung zu ihm, zum Beispiel in doppelter Ausführung vor dem Schloß oder in dessen

Voici une liste des principales règles et particularités de construction avec leur réalisation pratique :

1) L'emplacement du colombier doit se trouver à proximité du domaine, à l'abri du vent et du bruit, les grilles d'envol orientées vers le sud et/ou l'est.

Sur les grands domaines le colombier est situé en plein champ à peu de distance de la maison des maîtres, formant parfois avec celle-ci un ensemble représentatif : on le trouve par exemple en double exemplaire devant le château, ou dans son axe.

Achse. In vielen Fällen steht er inmitten des Gutshofes, in der Normandie oft neben dem Teich, in dem er sich spiegelt. Die bäuerlichen Taubenhäuser der Mittelmeerregion sind haüfig im Ensemble der Gutsgebäude integriert. Auf die richtige Anordnung der Fluglöcher wird immer geachtet.

Dans de nombreux cas, il occupe le centre de la cour ; en Normandie, il se dresse fréquemment près de la mare dans laquelle il se reflète. Les pigeonniers paysans des régions méditerranéennes font souvent partie intégrante de l'ensemble des bâtiments de la ferme. Mais il est toujours tenu compte de la bonne orientation des trous d'envol.

Château de Combis, St-Soulan

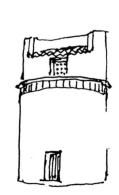

Provence

2) In den windreichen Regionen des Südens (Mistral, Tramontane) wird am Taubenhaus selbst für einen Windschutz gesorgt.

2) Dans les régions méridionales particulièrement exposées aux vents (mistral, tramontane), on prévoit un abri à même le pigeonnier.

Im Langudoc und der Provence, wo das einseitige Pultdach im Hausbau üblich ist, überhöht man die drei nach Westen, Norden und Osten gerichteten Mauern um 50 bis 70 cm über die Dachfläche hinaus. Diese Form wird « col de manteau retourné » (hochgestellter Mantelkragen) oder « pied de mulet » (Maultierhuf) genannt. Ebenfalls als Windschutz dienen die auf die Dachkuppeln der schönen Taubentürme von Cintegabelle (Abb. S. 44) und der ehemaligen Abtei Saint Théodard in Montauban gesetzten Halbtürmchen, durch die auch die Tauben ein- und ausfliegen.

En Languedoc et en Provence, où le toit à une pente est habituel dans la construction des habitations on surélève de 50 à 70 cm au-dessus du toit les trois murs orientés à l'ouest, au nord et à l'est. On appelle cette forme « col de manteau retourné » ou « pied de mulet ». Les échauguettes qui surmontent le beau colombier de Cintegabelle (v. ill. p. 44) et celui de l'ancienne abbaye de Saint-Théodard de Montauban servent, de même, d'abri contre le vent. Les oiseaux peuvent aussi s'envoler ou rentrer au pigeonnier par ces tourelles.

3) Die Ein- und Ausflugöffnungen müssen sich in einer gewissen Höhe über dem Erdboden befinden.

3) Les ouvertures d'envol et de retour doivent se trouver à une certaine hauteur au-dessus du sol.

Kleine Taubenschläge sind daher immer hoch gelegen, im Giebel, im Dachhäuschen oder auf Pfosten gesetzt. Die Fluglöcher werden so klein gehalten, daß zwar die Taube, nicht aber ein sie verfolgender Raubvogel einfliegen kann. Meistens sind die Fluglöcher in einer Platte aus Holz oder Stein ausgespart, die in die Fenster-

C'est pour cette raison que les petites fuies sont toujours situées en hauteur, sur les pignons, dans les combles, ou montées sur des piliers. Les trous d'envol, assez petits pour laisser passer le pigeon, font barrière à un oiseau de proie qui le poursuivrait. La plupart du temps, ces trous d'envol sont découpés dans une plaque de bois insérée dans

öffnung eingepaßt oder in die Wand eingemauert ist. Um die Tauben zeitweilig einschließen zu können, müssen die Flugöffnungen durch ein Gitter oder einen Klapp- oder Schiebeladen verschlossen werden können, der auch zur Luft- und Wärmeregulierung dient.

4) Um die Tauben vor kletternden Raubtieren zu schützen, sind geeignete Hindernisse vorzusehen.

Ein Taubenturm hat daher ein oder mehrere auskragende Gesimse. Dem gleichen Zweck dienen umlaufende Bänder aus glasierten Kacheln, in einfacher Ausführung aus Zinkblech. Bei kleinen Taubenschlägen begnügt man sich manchmal, die Umrahmung der Fluglöcher mit Ölfarbe zu lackieren oder gar nur mit Talg einzureiben. Bei den auf Pfeilern oder Säulen stehenden Taubenhäusern wird der Säulenkopf als Pilzkopf ausgeführt, oder die Pfeiler werden mit einem Kraggesims versehen. Bei den bretonischen Taubentürmen dient das Dachgesims als Abweiser, da die Flugöffnung in der Kuppel liegt.

5) Der Fußboden nimmt den wertvollen Taubenmist auf, er muß also leicht zu reinigen sein.

Oft ist er fein gekachelt, vielfach mit Ziegelplatten belegt, manchmal nur ein Bretterboden. Wenn der Turm auf Pfeilern steht, sodaß man mit einem Kastenwagen darunterfahren kann, ist im Boden eine Klappe ausgespart, durch die der Taubenmist nach unten gescharrt wird. Sie wird auch « trappe d'enfer » genannt, was man auch mit « Höllenklappe » übersetzen kann. In bretonischen Taubentürmen, in denen die Nisthöhlen bis fast auf den Boden reichen, ist meist nur ein Fußbodenstreifen von 50 cm Breite längs der Wände in Stein ausgeführt, auf dem sich der Kot sammelt, da es in der Mitte kein Gestänge o.ä. gibt, auf dem die Tauben aufsitzen können. Die Mitte des Turmes bleibt, etwas vertieft, unbekleideter Erdboden und dient als Futtergrube.

6) Die Nistgelegenheiten werden entweder in den Wänden als Höhlen ausgespart oder davor angebracht. Sie benötigen mindestens 0,15 m² Grundfläche und sollen so verteilt sein, daß sich die Tauben nicht stören.

l'ouverture d'une fenêtre ou creusés dans une pierre scellée dans le mur. Afin d'enfermer les volatiles si nécessaire, les trous d'envol doivent pouvoir être obstrués à l'aide d'une grille ou d'un volet que l'on rabat ou que l'on glisse, et qui sert aussi à régler la chaleur et la ventilation.

4) Afin de protéger les pigeons d'éventuels prédateurs, le pigeonnier doit être muni d'obstacles empêchant d'y grimper.

Pour cette raison, un pigeonnier présente un ou plusieurs larmiers en surplomb. Des bandes de carreaux émaillés, ou plus simplement en tôle de zinc, courant tout autour du bâtiment, ont la même fonction. Pour de petits pigeonniers, on se contente parfois de laquer le pourtour des grilles d'envol à la peinture à l'huile, ou même seulement de l'enduire de suif. Dans le cas de pigeonniers construits sur piliers ou colonnes, le haut de la colonne a la forme d'un champignon servant de défense, ou bien les piliers présentent une corniche. Sur les pigeonniers bretons, c'est le bord du toit qui sert de rebord de défense, puisque le trou d'envol s'ouvre sur la coupole.

5) Le sol reçoit les précieux excréments, il doit donc être facile à nettoyer.

Souvent, il est finement carrelé ; beaucoup de sols sont également recouverts de briques plates, parfois aussi ce n'est qu'un plancher de bois. Quand le pigeonnier repose sur des piliers, si bien que l'on peut faire passer dessous un véhicule, on a découpé une ouverture dans le sol, appelée parfois « trappe d'enfer », par laquelle ont peut évacuer la colombine. Dans les colombiers bretons où les nichoirs descendent quasiment jusqu'au sol, on ne retrouve la plupart du temps qu'un rebord de pierre de 50 cm de largeur ; c'est là que tombent les fientes, puisqu'il n'y a pas, au milieu, de perchoir ou de poutre sur lesquelles les oiseaux pourraient se tenir. Le centre du pigeonnier forme une aire de terre battue, un peu creusée, et qui sert de mangeoire.

6) Les nichoirs sont des cavités ménagées dans les murs, ou sont placés devant ceux-ci. Ils nécessitent chacun au moins 0,15 m² et doivent être répartis de manière à ce que les couples de pigeons ne se gênent pas entre eux.

In der Bretagne sind die Nisthöhlen durchweg im Mauerwerk ausgespart. Sie haben eine Höhe von nur 18 cm, darüber liegt eine Trennplatte von 6 cm Dicke, sodaß eine Reihe Nester 24 cm an Höhe beansprucht. Die Eingänge sind nur 15 cm breit, der Abstand zwischen ihnen beträgt 30 cm. Meistens sind sie in der Senkrechten gegeneinander versetzt. Dies ist die typische Anordnung im Granitmauerwerk. Ähnlich werden sie auch im Schiefermauerwerk, in der Normandie und in anderen Regionen aus Hausteinen, aus Ziegelmauerwerk und Lehmfachwerk ausgeführt.

Auch dickbauchige Tonvasen dienen, eingebettet in eine Gipsschale vor dem Mauerwerk, als Nistzellen. In der Provence sind sie vorzugsweise aus Gips geformt, entweder auf hölzernen Regalen oder mit einer Bewehrung im Mauerwerk verankert. Ferner werden Körbe aus Weidengeflecht oder aus Stroh, an eisernen Haken aufgehängt, als Nester benutzt (siehe Abb. unten und auf den folgenden Seiten).

7) Die Nester müssen leicht zugänglich sein, damit sie gereinigt und kontrolliert werden können.

In einem kleinen Taubenschlag genügt es, hochgelegene Nester mit einer transportablen Leiter zu kontrollieren. In Taubentürmen mit hunderten oder gar tausenden von Nestern wäre das zu umständlich und zu störend für die Tauben. Deshalb sind diese Türme innen meist rund und mit einer Drehleiter ausgestattet. Diese ist schräg an Galgen aufgehängt, die von einem drehbaren Mast in der Mitte des Turmes bis an die Wand auskragen. Große Türme haben zwei solcher Leitern, die « potence » (Galgen) genannt werden.

En Bretagne, ces boulins sont généralement aménagés dans le mur. Ils ont une hauteur de 18 cm ; ils sont séparés des autres nichoirs par une pierre de 6 cm d'épaisseur, si bien qu'une rangée de nids occupe une hauteur totale de 24 cm. Les orifices d'entrée font 15 cm de largeur, et l'écart entre eux est de 30 cm. Dans la plupart des cas, ils sont disposés verticalement en quinconce. Telle est leur disposition typique dans les murs de granit. On trouve les boulins agencés de la même manière dans des constructions en pierre schisteuse en Normandie et en d'autres régions dans des bâtiments en pierre de taille, en briques ou à colombages.

Des vases de terre cuite assez renflés, insérés dans une coquille de plâtre attachée à la maçonnerie, servent parfois aussi de nichoir. En Provence, on façonne de préférence les boulins en plâtre, pour les poser ensuite sur des étagères de bois ou les fixer directement dans le mur à l'aide d'armatures. On utilisait aussi comme nids des corbeilles d'osier ou de paille tressée, suspendues à des crochets métalliques (ill. ci-dessous et pages suiv.).

7) Les nids doivent être accessibles, pour le nettoyage et le contrôle.

Dans un pigeonnier de taille réduite, il suffit d'une échelle transportable pour surveiller les nichoirs. Mais dans un colombier comportant des centaines, voire des milliers de boulins, ce serait trop compliqué et gênant pour les oiseaux. C'est pourquoi ces pigeonniers sont la plupart du temps circulaires à l'intérieur et équipés d'une échelle tournante ; celle-ci est fixée, inclinée, à des poutres qui vont d'un mât pivotant au centre de la tour jusque près du mur. Les colombiers de très grande taille présentent deux de ces échelles, appelées potences (ill. p. 65).

NISTGELEGENHEITEN

Nester aus Stroh oder Korbgeflecht

NICHOIRS

Nids de paille ou en vannerie

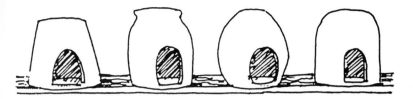

◁ Boulins en terre cuite
sur rangées

Nistzellen aus Ton auf
Regalen

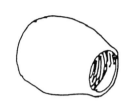

△ Boulins en terre cuite
à encastrer

Nistzellen aus Ton für
Wandeinbau

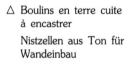

◁ Boulins préfabriqués en
plâtre

Vorgefertigte Nistzellen
aus Gips

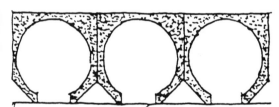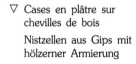

▽ Cases en plâtre sur
chevilles de bois

Nistzellen aus Gips mit
hölzerner Armierung

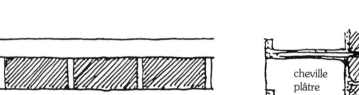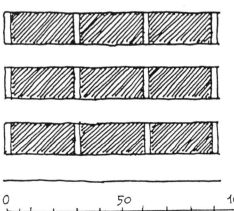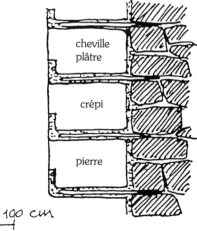

cheville
plâtre

crépi

pierre

O   50   100 cm

« Les Grottes » du
Jas de Puyvert
(Vaucluse)
Nester aus Ton
Boulins en terre cuite
(Provence)

Saint-André-de-
la-Grosse-Pierre
(Haute-Provence)
Nester aus Gips
auf Regalen
Boulins en plâtre
sur rangées
Provence

Sillans-la-Cascade (Var)
Vorgefertigte Nester
aus Gips
Boulins préfabriqués
en plâtre

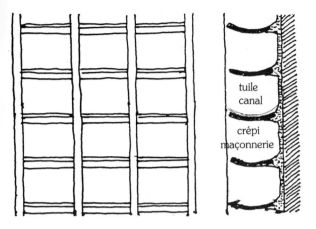

tuile
canal

crépi
maçonnerie

◁ Boulins en tuiles creuses et briques plates
Nester aus Hohl- und Flachziegeln
(Languedoc)

▽ Boulins formés de briques plates (Bourgogne)
Nester aus Ziegelplatten

▽ Boulins en granit – Granitmauerwerk
(Bretagne)

Boulins en granit
Nisthöhlen im   △ Château Ménoray à
Granitmauerwerk   ▽ Locmalo (Morbihan)

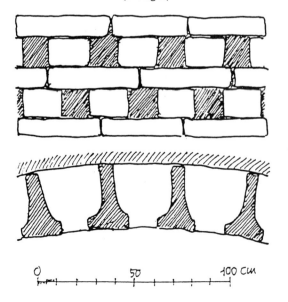

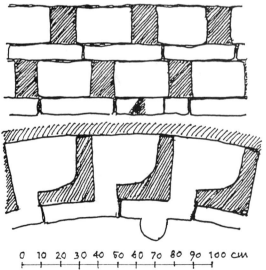

0   50   100 cm

0 10 20 30 40 50 60 70 80 90 100 cm

△ Maçonnerie de briques
  Ziegelmauerwerk
  (Gascogne)

△ Nids en plâtre (Provence)
  Gipsnester

Boulins en granit ▷
Granitmauerwerk
(Bretagne)

BAUFORMEN

Die Form des Taubenhauses wird von der Bauweise bestimmt, diese von den verfügbaren Materialien und von der Tradition. Sie ist im großen Ganzen die gleiche wie beim Wohnhaus. Das Taubenhaus steht dadurch auf einer höheren Stufe als Ställe und Scheunen. An Schönheit kommt es dem Herrenhaus gleich.

Die zur Verfügung stehenden Baustoffe sind örtlich verschieden, ebenso die klimatischen Bedingungen, die bäuerliche Nutzung usw., woraus die große Vielfalt an Bauweisen und -formen entstand, auf die bei der Beschreibung der regionalen Architektur näher eingegangen werden soll. Außerdem änderte sich mit der Zeit die Wahl der Baustoffe, woraus auf das Alter geschlossen werden kann.

Hier nur einige Hinweise : In schneereichen Gegenden sind die Dächer steil, in holzarmen werden sie als massive Kuppeln oder holzsparende flachgeneigte Pultdächer ausgeführt. In holzreichen Regionen sind die Taubenhäuser als Holz- oder Fachwerkkonstruktionen errichtet. Lehm- oder Lehmziegelbauten werden von Bauten aus gebrannten Ziegeln abgelöst. In der Nähe größerer Flüsse werden Rundkiesel im Mauerwerk, oft ornamental, verwendet. Immer wird auf Form und Ausführung große Sorgfalt verwandt.

FORMES ARCHITECTURALES

La forme du colombier dépend de son mode de construction, lequel est influencé par les matériaux disponibles et par la tradition. La technique de construction est en gros la même que celle employée pour l'habitation. Aussi, le colombier mieux considéré que les étables et les granges peut rivaliser avec la demeure des maîtres.

Les matériaux de construction dont on dispose sont variables selon les régions, de même que les conditions climatiques, l'usage agricole qui peut être fait du bâtiment, etc., ce qui explique la grande variété des techniques et des formes architecturales que nous allons être amenés à décrire lors de notre tour de France. En outre, le choix des matériaux s'est modifié avec le temps, ce qui permet d'en déduire l'âge du monument. Contentons-nous ici de quelques indications : dans les régions enneigées, les toits sont très inclinés, dans les régions où le bois est rare, ils sont constitués de dômes en dur ou ne présentent qu'un pan peu incliné, construction économe de charpente. Dans les contrées boisées, les pigeonniers sont souvent en bois ou à colombages. Au torchis et à la brique de glaise séchée ont succédé les bâtiments de briques cuites au four. A proximité des grands fleuves, de gros galets pris dans la maçonnerie servent souvent à l'ornementation. On apporte toujours le plus grand soin à la qualité architecturale et à la décoration.

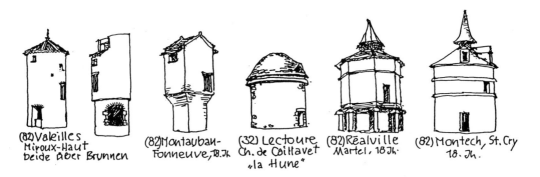

(82) Vakeilles Miroux-Haut beide aber Brunnen

(82) Montauban-Fonneuve, 18. Jh.

(32) Lectoure Ch. de Caillavet « la Hune »

(82) Réalville Martel, 18 Jh.

(82) Montech, St. Cry 18. Jh.

TAUBENHAUSFORMEN IM SÜDWESTEN FRANKREICHS

Nirgendwo in Frankreich sind die Taubenhäuser so zahlreich wie im Südwesten, dem Gebiet der historischen Provinz Gascogne, und nirgends gibt es einen größeren Reichtum an Formen. In der Gestaltung drückt sich hier ein fast ungehemmter Individualismus aus, der dem lebhaften und fröhlichen Wesen dieses in früher Zeit frei gewordenen Bauernvolkes entspricht.

Die heute noch erhaltenen Taubentürme stammen aus dem 16. bis Anfang des 20. Jahrhunderts, frühere sind selten. Die verschiedenen Bauformen bestimmten Epochen zuzuordnen, ist nicht möglich. Eine Stilkunde daraus zu filtern, gelingt nicht, da auch sehr früh entwickelte Bauweisen noch viele Jahrhunderte später üblich waren. So gehören runde Türme sicher zu den ältesten Formen, besonders die nach dem Prinzip der « garriottes » aus den flachen Kalksteinen der Causses oder Garrigues errichteten.

Die hier folgende Zusammenstellung der in der Gascogne gefundenen Bauformen ist rein formal gegliedert, nicht nach Alter, Herkunft oder stilistischen Merkmalen. Sie zeigt aber sehr gut den großen Formenreichtum, demgegenüber die Bauweisen der anderen Regionen viel einheitlicher, typischer erscheinen.

Man kann zunächst zwei Gruppen unterscheiden :

A) einzelstehende Türme und
B) solche, die dem Hauskörper oder dem Hofkomplex eingegliedert sind.

Der Form nach kann man unterscheiden :

1) runde,
2) quadratische Türme und
3) Sonderformen.

Als weitere Untergliederung bietet sich die Dachform an. So entsteht schließlich folgender Formenkanon :

PIGEONNIERS DU SUD-OUEST DE LA FRANCE

En France, les colombiers ne sont nulle part ailleurs aussi nombreux que dans le sud-ouest, la région de la province historique de la Gascogne, et nulle part on ne rencontre une aussi grande richesse de formes originales. Un individualisme presque sans limite s'y exprime, en accord avec la personnalité vivante et gaie de ces paysans très tôt affranchis.

Les pigeonniers conservés jusqu'à nos jours vont du XVIe siècle au début du XXe ; ceux d'époques antérieures sont rares. Il n'est pas possible d'attribuer les différentes formes d'architecture à une époque particulière, tout comme il est inutile de vouloir présenter une étude historique des styles, car les modes de construction utilisés de très bonne heure le sont restés bien des siècles après. Ainsi les bâtiments ronds appartiennent avec certitude aux formes les plus anciennes, surtout ceux construits avec des pierres calcaires plates des causses sur le modèle des « gariottes ».

Notre présentation des formes de construction rencontrées en Gascogne est basée sur des critères de forme, et non sur l'âge, l'origine ou le style architectural. Elle démontre fort bien la grande richesse d'invention de ce pays ; par opposition, les constructions des autres provinces sont plus homogènes et manifestent moins d'imagination.

On peut d'abord distinguer deux grands groupes :

A) tours indépendantes
B) tours intégrées au corps de la maison ou à l'ensemble des bâtiments de la cour.

D'après la forme on distingue :

1) tours rondes
2) tours carrées
3) formes particulières.

Les formes de toit déterminent des sous-ensembles. On obtient donc la classification formelle suivante :

A) Einzelstehende Taubentürme

Zu den einzelstehenden Taubentürmen gehören vor allen Dingen große und prächtige Türme feudaler Besitzungen, unter ihnen die schönsten und auch die ältesten Exemplare. Nach der Liberalisierung des Rechts entstanden aber auch schöne bäuerliche und bürgerliche Einzeltüme, besonders zahlreich im 17. Jahrhundert.

1) Taubentürme mit rundem Grundriß und

a) kegelförmigem Dach

A) Pigeonniers indépendants

Au nombre des pigeonniers indépendants on compte avant tout les superbes colombiers ronds, de grande taille, situés sur les domaines féodaux ; il y a parmi eux les plus magnifiques et les plus anciens exemplaires. Mais après la libéralisation du droit, on a vu s'élever également de très beaux spécimens paysans ou bourgeois, particulièrement nombreux au XVIIe siècle.

1) pigeonniers de base circulaire :

a) à toit conique

(81) MILHARS   (47) MAURILLAC   (81) TARN   (46) LALBENQUE   (47) CLAIRAC

b) mit kuppelförmigem Dach

b) à toit en dôme

(46) FAYCELLES   (46) BEAUREGARD   (33) Ch. Camarsac   (32) LECTOURE   (31) CINTEGABELLE

2) Taubentürme mit quadratischem Grundriß und

a) flachgeneigtem (Hohlziegel-) Dach

2) pigeonniers de base carrée :

a) à toit de tuiles creuses peu incliné

 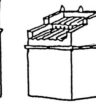   

(82) GARGANVILLAR   (82) MONTPALACH   (82) CAUSSADE   (82) TARN-ET-GARONNE   (82) COULOUSSAC

Die einseitig geneigten Dächer sind meistens an drei Seiten von Mauern überhöht, die einen Windschutz für die Tauben geben. Die an den Traufkanten ausgebildeten Gesimse sind entweder glatt (corniche) oder aus einer oder mehreren Reihen von Hohlziegeln hergestellt (génoise).

Les toits à une seule pente sont la plupart du temps surmontés de trois murs qui offrent aux pigeons un abri contre le vent. Les bandeaux de gouttière sont lisses (corniche) ou constitués d'une ou plusieurs rangées de tuiles creuses (génoise).

b) mit Steinplattendach

b) à toit de pierres plates

Die Dachdeckung mit Steinplatten (lauze) wird sowohl über einem Gewölbe als auch auf einer Holzkonstruktion ausgeführt.

(46) FRONTENAC (24) St. GENIÈS (46) BEAUREGARD

La couverture en pierres plates (lauze) est réalisée sur voûte aussi bien que sur charpente.

c) mit Flachziegeldach

c) à toit de tuiles plates

(46) LOT · (82) LALANDE (46) ALBAS (47) SERIGNAC-PEBOUDOU (46) FONTANES

Die Dächer sind mehr oder weniger steil ausgeführt, mit oder ohne Laternen oder Gauben für Flugöffnungen, in einer oder zwei Spitzen endend. Gleiche Formen auch mit Spaltschieferdeckung.

L'inclinaison des toits est plus ou moins prononcée, avec ou sans lanternon ou lucarne présentant des ouvertures d'envol ; les toitures sont à une ou deux pointes. Les mêmes formes de toit peuvent être couvertes d'ardoise.

3) Sonderformen von Taubentürmen

Die schönsten Taubentürme mit reicher Architektur und in phantasievollen Formen finden sich unter den Türmen der großen Güter des Adels und der geistlichen Orden. Doch auch bescheidenere bürgerliche Bauten sind manchmal eigenwillige Schöpfungen. Einige dieser Türme werden in einem späteren Kapitel beschrieben.

3) Formes particulières de pigeonniers

Les plus beaux colombiers, richement ornés et de formes recherchées se trouvent sur les grands domaines de la noblesse et des ordres religieux. Mais des bâtiments bourgeois plus modestes constituent eux aussi des créations pleines d'originalité. Nous en décrivons quelques-uns dans un chapitre ultérieur.

4) Taubentürme mit offenem Erdgeschoß

Eine große Zahl von Taubentürmen hat ein freies Erdgeschoß. Diese Türme sind auf Säulen oder Pfeilern aufgesetzt oder nach zwei Seiten

4) Pigeonniers sur rez-de-chaussée ouvert

Un grand nombre de pigeonniers ont un rez-de-chaussée libre. Ils reposent sur des colonnes ou des piliers, ou sur des arcades ouvertes,

oder allseitig durch Bögen geöffnet. Oft führt in der Mitte aus diesem Freiraum eine Wendeltreppe nach oben in das eigentliche Taubenhaus, häufig ist es aber nur durch eine Leiter zugänglich. Meistens wurde das untere Geschoß der Taubentürme zu anderen Zwecken genutzt, vorwiegend zur Aufbewahrung von Ackergeräten. Auch für die Abfuhr des Taubenmistes, der durch die Bodenluke in den darunterstehenden Kastenwagen gescharrt wurde, erwies sich das freie Erdgeschoß als praktische Lösung.

a) Türme auf Säulen oder Pfeilern

Es sind in der Regel leichte Fachwerk-konstruktionen, die auf runden Hausteinsäulen ruhen, die mit pilzförmigen Hüten (capels) gegen kletternde Raubtiere versehen sind. Seltener sind quadratische Pfeiler.

sur deux ou quatre côtés. Parfois un escalier en colimaçon, partant du milieu de cet espace libre, mène au pigeonnier proprement dit, mais le plus souvent, on y accède par une échelle. Dans la plupart des cas, l'étage inférieur de ces pigeonniers était utilisé à d'autres fins, en premier lieu pour remiser des instruments aratoires. Ce rez-de-chaussée ouvert représentait également une solution pratique pour l'évacuation de la fiente de pigeon, que l'on déversait, par une trappe, dans une charrette amenée au-dessous.

a) Pigeonniers érigés sur des colonnes ou des piliers

Ce sont en règle générale des constructions légères, à colombages, qui reposent sur des colonnes en pierre de taille, s'achevant par des « capels » en forme de champignon pour empêcher les prédateurs d'y grimper. Les piliers carrés sont plus rares.

(46) FONTANES   (47) POUDENAS   (47) UNET   (47) LA-SAUVETAT-DU-DROPT   (47) VILLA-RÉAL   (81) SAURS

b) Taubentürme über einem Bogengeschoß

b) Pigeonniers sur un rez-de-chaussée à arcades

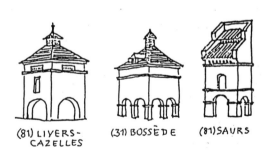

(81) LIVERS-CAZELLES   (31) BOSSÈDE   (81) SAURS

(32) CHÂTEAU D'ORBESSAN   (31) CHÂTEAU BEILLARD

(82) MOISSAC

B) Taubentürme, die dem Hauskörper oder dem Hofkomplex eingegliedert sind

Alle die verschiedenen Formen der freistehenden Türme finden sich auch unter den eingebauten : runde, quadratische, polygonale Türme mit Hohlziegeldächern, Steinplattendächern, Zelt-

B) Pigeonniers intégrés au corps de la maison ou à un ensemble de bâtiments

Toutes les formes déjà rencontrées parmi les pigeonniers indépendants se retrouvent dans cette catégorie : formes rondes, carrées, poly-gonales, à toits couverts de tuiles creuses ou de

dächern mit oder ohne Laternen, usw.

Offene Erdgeschosse sind häufig als Durchfahrten zum Hof, zu Stall- oder Scheunengebäuden, oder als Vorraum zum Hauseingang genutzt :

pierres plates, à différentes pentes, avec ou sans lanternons ou lucarnes, etc.

Souvent, les rez-de-chaussées ouverts servent de passage menant à la cour, aux étables et aux granges, ou d'auvent pour l'entrée de la maison :

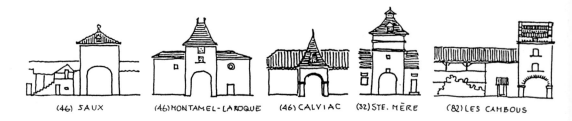

(46) SAUX   (46) MONTAMEL-LAROQUE   (46) CALVIAC   (32) STE. MÈRE   (82) LES CAMBOUS

Gelegentlich ist der Taubenturm als einziger Bauteil eines Hofes übriggeblieben, wie der jetzt freistehende Torturm von Lavergne.

Mit dem eigentlichen Haus geplant und errichtet, treten sie meistens als Ecktürme auf :

(46) LAVERGNE

Quelquefois, le pigeonnier demeure le seul et unique vestige d'un corps de bâtiments, tel ce pigeonnier-porche à Lavergne.

Prévus et construits en même temps que le reste du bâtiment, ces pigeonniers prennent généralement la forme de tour d'angle :

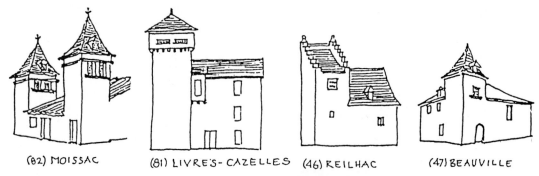

(82) MOISSAC   (81) LIVRES-CAZELLES   (46) REILHAC   (47) BEAUVILLE

Manchmal hat es den Anschein, als ob ein Gutsbesitzer im Stolze seines Besitzes einen so großen und schönen Taubenturm baute, daß danach nicht mehr viel für die anderen Bauten übrigblieb :

On a parfois l'impression que le propriétaire du domaine, dans sa fierté, avait construit un colombier si grand et si somptueux qu'il ne lui est ensuite plus resté beaucoup de moyens pour les autres bâtiments :

Dieser den Hof beherrschende Taubenturm mit dem prächtigen Delorme-Walmdach steht in Lacapelle-Livron bei Caylus. Vermutlich hat dieser für den Hof viel zu große Turm einmal zu einem feudalen Besitz gehört, von dem sonst nichts mehr erhalten ist.

(82) LACAPELLE-LIVRON

Ce colombier qui, entre maison et grange, domine la cour de son magnifique toit à la Philibert Delorme, se situe à Lacapelle-Livron près de Caylus. Il est vraisemblablement que ce pigeonnier, disproportionné par rapport au reste de la ferme, appartenait autrefois à un domaine nobiliaire aujourd'hui disparu.

In Verbindung mit dem Wohnhaus sind auch neue Formen für das Taubenhaus entstanden, so, im Quercy Blanc häufig, der Taubenschlag in Verbindung mit dem Vordach über der Freitreppe (pigeonnier-bolet) :

Des variantes intéressantes ont vu le jour pour quelques-uns de ces pigeonniers associés aux habitations ; ainsi la combinaison fréquente dans le Quercy Blanc, du pigeonnier et d'un escalier extérieur protégé par un auvent (pigeonnier-bolet) :

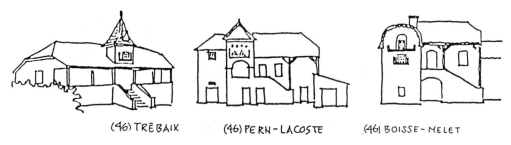

(46) TREBAIX   (46) PERN-LACOSTE   (46) BOISSE-MELET

Oder als kleines, auf das Dach aufgesetztes Türmchen :

Le pigeonnier peut aussi occuper une tourelle en surplomb sur le toit :

(46) MARTEL   (24) BORRÈZE   (19) CHASTELNAU-LE-SOULIER   (46) AUTOIRE   (81) LAVAUR

Oder einfach als Taubenschlag im Giebel oder dem Kniestock des Daches :

Ou bien encore il est situé sur un pignon ou dans les combles :

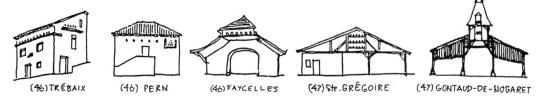

(46) TREBAIX   (46) PERN   (46) FAYCELLES   (47) Ste. GRÉGOIRE   (47) GONTAUD-DE-NOGARET

Ferner fanden wir Taubenschläge in Gartenhäusern und über Brunnen :

Nous avons de plus trouvé des pigeonniers édifiés dans des pavillons de jardin et sur des puits :

(47) MAURILLAC   (47) MONCLAR-D'AGENAIS   (47) MASSELS   (82) Valeilles Miroux-Haut

Anschließend will ich einige Taubenhäuser, nach Regionen geordnet, näher beschreiben.

Je vais maintenant décrire quelques pigeonniers, répartis dans différentes régions de France.

DIE ERFORSCHTEN GEBIETE

LES RÉGIONS ÉTUDIÉES

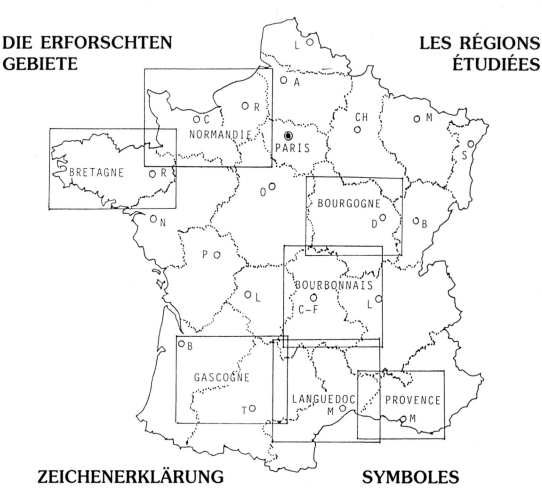

ZEICHENERKLÄRUNG

SYMBOLES

🌀 Chef-lieu de la région
Sitz der Regionalregierung

🌀 Chef-lieu du département
Departmentshauptstadt

🌀 Chef-lieu du canton
Kantonshauptstadt

○ Pigeonnier circulaire ou polygonal
Runder oder polygonaler Taubenturm

⊙ Grand pigeonnier (colombier)
    circulaire
Großer runder Taubenturm
    (colombier)

⋒ Pigeonnier circulaire avec
    rez-de-chaussée libre
Runder Taubenturm mit freiem
    Erdgeschoß

□ Pigeonnier carré
Quadratischer Taubenturm

⊡ Grand pigeonnier (colombier) carré
Großer quadratischer Taubenturm (colombier)

⊓ Pigeonnier carré avec rez-de-chaussée
libre
Quadratischer Taubenturm mit freiem
    Erdgeschoß

① ⊞ Pigeonnier à colombages
Taubenturm aus Fachwerk

△ Pigeonnier sur le pignon, dans les
    combles, etc.
Taubenschlag im Giebel,
    Dachtürmchen o.ä.

∅ ⧄ Pigeonnier ruiné
Taubenturm-Ruine

LA GASCOGNE

(47) Allemans-du-Dropt

(47) la Sauvetat-du-Dropt

(46) Pern-Lacoste

(24) St. Geniès

(46) Faycelles

DEPARTEMENTS:
24 DORDOGNE
31 HAUTE-GARONNE
32 GERS
46 LOT
47 LOT-ET-GARONNE
81 TARN
82 TARN ET GARONNE

(33) Ch. Camarsac

(47) Gontaud

(82) Montauban Abbaye St. Théodard

(46) Pomarède

(46) Fontanès

(46) Boussac

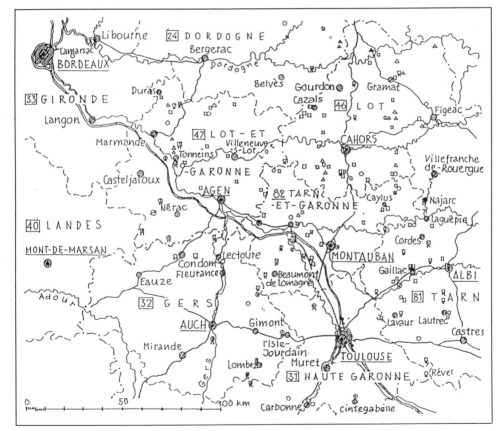

(32) Ch. d'Orbessan

(32) Ch. Combis

(82) Ch. Cadeilhan

(31) Dom. de Bouyssou

(31) Ch. Beillard

(81) Brens

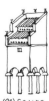
(81) Saurs

DIE GASCOGNE

Das Gebiet, das hier beschrieben werden soll, umfaßt die Departements Lot (46), als Landschaft Quercy genannt, Lot-et-Garonne (47), Dordogne (24), Tarn (81), Tarn-et-Garonne (82), Haute-Garonne (31) und Gers (32), also nur den östlichen Teil der historischen Gascogne, denn im westlichen Departement der Landes gibt es keine Taubentürme.

Auf den Kalkplateaus des Quercy, dem Causse de Limogne, Causse de Cajarc, Causse de Livernon, Causse de Gramat, stehen zahlreiche Taubentürme mit Kragsteinkuppeldächern, teils über rundem, teils über quadratischem Grundriß. Diese sehr alte, aus den Garriottes entwickelte Bauweise war dort, wo der Kalkstein in plattiger Form vorhanden, Holz jedoch knapp und teuer war, die billigste Bauweise. Man brauchte keine hölzerne Dachkonstruktion, der gesamte Bau konnte aus den Steinen vom eigenen Grund errichtet werden. Besonders ausgesuchte flache Steinplatten wurden für die Dachdeckung auf der Kuppel reserviert. Die Kragsteinkuppel ist die älteste Wölbkonstruktion. Sie besteht darin, daß der Mauerring durch Auskragen nach innen immer mehr verengt wird, bis die Öffnung geschlossen ist. Häufig wird in der Mitte für die Lüftung oder als Flugloch eine Öffnung gelassen, die mit einer größeren aufgestelzten Steinplatte abgedeckt wird. Die Kuppel wird manchmal flacher, manchmal in schöner Glockenform gebaut, wie die des Taubenhauses von Faycelles auf dem Causse de Livernon (Abb. S. 49) Diese alte Technik wurde noch bis ins 19. Jahrhundert angewandt. Sie erfordert viel Arbeitszeit und wurde erst aufgegeben, als menschliche Arbeitskraft teuer wurde.

Der häufigste Typ eines Taubenturms in der Gascogne ist der über quadratischem Grundriß mit einem pyramidenförmigen oder einem Walmdach mit kurzem First. Die flachgeneigten Dächer sind normalerweise mit Hohlziegeln, die steileren mit Flachziegeln gedeckt. Dachspitzen und Firste sind durchweg mit kegelförmigen Gebilden aus Stein oder Keramik verziert, manchmal sind es wahre Kunstwerke.

Die steileren Dächer haben oft eine oder zwei

LA GASCOGNE

La région que nous allons maintenant décrire comprend les départements du Lot, qui correspond à la région du Quercy, le Lot-et-Garonne, la Dordogne, le Tarn, le Tarn-et-Garonne, la Haute-Garonne et le Gers, c'est-à-dire la partie orientale de la Gascogne historique, car à l'ouest il n'y a pas de pigeonniers dans le département des Landes.

Sur les plateaux calcaires du Quercy, sur les causses de Limogne, de Cajarc, de Livernon et de Gramat, on trouve encore de nombreux pigeonniers dont les toits sont des coupoles en tas de charge, de plan circulaire ou carré. Ce mode de construction hérité des gariottes était la technique la plus économique dans une région où la pierre calcaire se présentait en plaques et où le bois demeurait rare et cher. Elle ne nécessitait aucune charpente en bois, et tout l'édifice pouvait être érigé à partir des pierres trouvées sur le terrain même. Des plaques particulièrement sélectionnées étaient réservées pour la couverture du dôme. La coupole en tas de charge est la plus ancienne construction en voûte ; elle consiste en un rétrécissement progressif de l'ouverture du toit jusqu'à sa fermeture complète, grâce à un décalage des pierres faisant saillie les unes sur les autres. Fréquemment, on aménage au milieu une ouverture, pour l'aération ou comme trou d'envol, protégée par une pierre plus grande enchâssée. La coupole est tantôt aplatie, tantôt construite en forme de cloche, comme celle du beau pigeonnier de Faycelles sur le Causse de Livernon (ill. p. 49). Cette vieille technique fut employée jusqu'au XIXe siècle. Elle prend beaucoup de temps, et on l'abandonna avec le renchérissement de la main-d'œuvre.

Le type de pigeonnier le plus répandu en Gascogne est de base carrée avec un toit en pyramide ou en croupe à faîte court. Les toits à faible pente sont généralement couverts de tuiles creuses, ceux à forte pente de tuiles plates. Les pointes de toit et les faîtières sont en général ornées de cônes en pierre ou en poterie ; ces épis de faîtage sont parfois de véritables chefs-d'œuvre.

Les toits les plus raides présentent souvent une

Fluggauben auf der Süd- oder auch der Ostseite des Daches. Auf den Kalksteinplateaus des Quercy ist auch eine gemischte Dachdeckung aus Kalksteinplatten (lauzes) und Flachziegeln üblich, wobei die Steinplatten, das billigere Material, auf den Mauern, also am Dachrand verlegt sind, die Flachziegel wegen des geringeren Gewichts auf der Holzkonstruktion. Man kann hier nachempfinden, wie genau und sparsam das Dach kalkuliert wurde.

Dieser quadratische Typ findet seine Weiterentwicklung durch eine auf die Dachspitze aufgesetzte Laterne. Dann gibt es noch die Dachformen des Mansarddaches und des Kielbogen- oder Delormedaches (so nach ihren Konstrukteuren genannt). Ein schönes Beispiel für diese selten anzutreffende Dachform ist der mächtige Taubenturm in Lacapelle-Livron, das größte und schönste Bauwerk auf dem Hof. Er ist noch mit Tauben besetzt (Abb. S. 51).

ou deux lucarnes d'envol du côté sud et est. Sur les plateaux calcaires du Quercy, on rencontre aussi une couverture mixte faite de plaques de pierres calcaires (lauzes) et de tuiles plates : les pierres, c'est-à-dire le matériau le moins coûteux, sont placées sur les murs, donc sur le bord du toit, tandis que les tuiles, plus légères, recouvrent la charpente. Ceci témoigne de la précision et du sens de l'économie avec lesquels le toit était conçu !

Ce type carré a évolué par la suite avec l'adjonction, sur le sommet du toit, d'un lanternon. Il faut également citer, datant le plus souvent du XIXe siècle, les toits à la « Mansard » et les toits en quille ou à la « Delorme », baptisés du nom de leurs concepteurs. L'imposant pigeonnier de Lacapelle-Livron constitue un remarquable exemplaire de cette forme de toiture que l'on ne rencontre que rarement ; c'est le plus beau et le plus grand bâtiment de la ferme, et il est encore occupé par les pigeons (ill. p. 51).

Lacapelle-Livron
(82) Tarn-et-Garonne

Wie schon erwähnt, finden sich die Taubentürme mit den flachgeneigten Pultdächern aus Hohlziegeln des mediterranen Typs im Südosten der Gascogne, den Landschaften des Quercy und des Toulousain. Henri Astruc (2) nennt sie « type toulousain ». Sie ähneln dem im Languedoc und der Provence vorherrschenden Typ und haben ebenso an drei Seiten über die Dachfläche ragende Windschutzmauern. Doch sind sie in der Gascogne vorwiegend mit einem zweistufigen Dach ausgeführt, im wesentlichen zu dem Zweck, um zwischen den beiden Dachflächen eine Reihe weiterer Fluglöcher unterzubringen. Die obere Kante der Windschutzmauern ist häufig mit mehr

Comme nous l'avons déjà dit, les pigeonniers à toit de tuiles creuses peu incliné, de type méditerranéen, se trouvent dans le sud-est de la Gascogne, dans les régions du Quercy et du Toulousain. Henri Astruc (2) les appelle « le type toulousain » ; ils ressemblent au type qui prédomine en Languedoc et en Provence. Ils présentent eux aussi, sur trois côtés, des murs qui s'élèvent au-dessus du toit pour servir de brise-vent. Cependant, en Gascogne, ils ont en majorité un toit en deux parties, dans le but essentiel de ménager entre les deux une rangée supplémentaire de trous d'envol. Le sommet des murs brise-vent est souvent orné de cônes de

oder weniger schön ausgearbeiteten Steinkegeln oder keramischen Spitzen besetzt, auf deren Bedeutung ich in einem besonderen Kapitel eingehen werde.

Einen weiteren Typ stellen die Fachwerktaubenhäuser auf steinernen Säulen, seltener Pfeilern, dar. Sie sind hauptsächlich im Westen und Norden des Verbreitungsgebietes, will sagen, in der Nähe der Wälder der Landes und des Perigord anzutreffen. Sie haben im allgemeinen einen quadratischen Grundriß und stehen auf vier, die großen auf neun Säulen. Seltener sind sechseckige auf sieben Säulen, wofür der tadellos restaurierte und noch von Tauben bewohnte in Allemans-du-Dropt ein besonders schönes Beispiel darstellt. Dieses und das nur wenige Kilometer weiter östlich in La-Sauvetat-du-Dropt auf neun Säulen stehende Taubenhaus sind keine bäuerlichen, sondern vom Adel errichtete Taubentürme, was man schon an den Wetterfahnen erkennen kann (Abb. S. 47/48). Diese Konstruktion ist, wo Holz vorhanden ist, billig und äußerst praktisch. Die auf den Säulen sitzenden Pilzköpfe verhindern jedes Eindringen von Raubtieren, und der freie Raum unter dem Taubenhaus ermöglicht eine leichte Entmistung durch die Bodenluke. Die Wandteile zwischen dem Fachwerk sind mit flachen Ziegeln ausgemauert oder mit Strohlehm ausgefüllt. Die massive Konstruktion eines Taubenhauses auf Säulen, wie das von Montdragon, stellt die Ausnahme dar. Hier wird das Gewicht der massiven Wände über Entlastungsbögen auf die vier Ecksäulen abgetragen.

pierre ou d'épis en céramique plus ou moins ouvragés. Nous reviendrons dans un chapitre à part sur la signification de ces épis de faîtage.

Une autre variété est représentée par les pigeonniers à colombages construits sur des colonnes de pierre, plus rarement des piliers carrés. On les rencontre avant tout à l'ouest et au nord de la région considérée, c'est-à-dire à proximité des forêts des Landes et du Périgord. Ils sont en général de base carrée et sont érigés sur quatre colonnes, les plus grands sur neuf. Plus rares sont les pigeonniers polygonaux édifiés sur sept colonnes, dont le pigeonnier d'Allemans-du-Dropt, parfaitement restauré et toujours occupé, constitue un très beau spécimen. Ce pigeonnier et celui de la Sauvetat-du-Dropt, quelques kilomètres à l'est, construit sur neuf colonnes, sont des colombiers édifiés par la noblesse, comme le montre leurs girouettes (ill. p. 47-48). Ce mode de construction est, là où le bois est disponible, peu onéreux et extrêmement pratique. Les champignons de défense (capels) qui terminent les colonnes empêchent toute intrusion des prédateurs, et l'espace libre sous le pigeonnier permet d'évacuer facilement les fientes par la trappe aménagée dans le plancher. Les intervalles entre les poteaux sont remplis de briques ou de torchis. Un pigeonnier méditerranéen construit en dur sur des colonnes, comme celui de Montdragon, constitue une exception. Dans ce cas, le poids des murs massifs est reporté sur les quatre colonnes par des arcs de décharge.

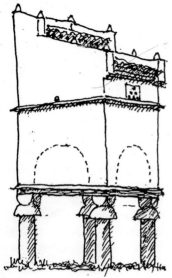

nördl. Eauze (32) GERS
9 Säulen mit Pilzköpfen

3.6.80

Montdragon (81) Tarn

Eine Sonderform kleiner Taubenschläge ist im Quercy Blanc auf dem Causse de Limogne südlich Cahors häufig. Man nennt sie dort « pigeonnier-bolet ». Die Bezeichnung « bolet » (eigentlich : Hutpilz) wird dort für das Vordach über Veranda und Außentreppe benutzt, und der Taubenschlag heißt so, weil er dort untergebracht ist (Abb.S. 51). Das Quercy Blanc hat seinen Namen von dem weißen Kalksandstein, der dort vorkommt und dem die Häuser ihr blankes, fröhliches Aussehen verdanken.

Eine ähnliche Konstruktion findet sich im Kanton Marmande : das Taubenhaus aus Holz oder Fachwerk über dem Vordach eines Wohnhauses oder einer Scheune. Die in der Skizze S. 31 dargestellte Scheune mit dem Taubenschlag von Gontaud-de-Nogaret war 1991 schon eingestürzt und abgerissen worden. Das gleiche Schicksal hatte wenige Tage vor unserem Besuch im Mai 1991 den sechseckigen Taubenturm auf Säulen in Razimet ereilt.

Kleine Taubenschläge werden als leicht auskragende Häuschen aufs Dach gesetzt oder in einem aus dem Dach ragenden Türmchen untergebracht. Man nennt sie dann « pigeonnier-échauguette » (échauguette = Wachtturm). (Abb. S. 50).

Die großen Taubentürme des Adels stehen meist an repräsentativer Stelle im Feld oder in strenger architektonischer Beziehung zum Schloß. Viele von ihnen haben ein freies Erdgeschoß, über dem der eigentliche Taubenturm auf Bögen steht. Sie sind ein unübersehbares Zeichen der Herrschaft und des Reichtums eines adligen Herrn. Aber mancher Glanz aus alten Zeiten ist inzwischen verblichen.

Das Château de Combis bei Saint-Soulan besitzt zwei schlanke Türme dieser Art, die symmetrisch vor dem Schloß in der Viehweide stehen (Abb. S. 46). Das Schloß selbst zerfällt immer mehr. Die beiden Zwillings-Taubentürme im Feld bilden mit dem Schloß im Hintergrund und den Zedern des Parks ein harmonisches Ganzes. Natürlich sind auch die Taubentürme unbewohnt, die Laterne des einen neigt sich, ein Riß läuft durchs Mauerwerk. Der wolkenbewegte Abendhimmel vergoldete mit seinen Sonnenblicken den Verfall.

Une forme particulière de petits pigeonniers est très répandue dans le Quercy Blanc, sur le Causse de Limogne au sud de Cahors, où on les appelle « pigeonnier-bolet ». Le mot « bolet » y désigne l'auvent qui abrite véranda et escalier extérieur, et le pigeonnier est ainsi baptisé parce qu'il est aménagé au-dessus de cette avancée du toit (ill. p. 51). Le Quercy Blanc tire son nom du calcaire blanc que l'on y trouve et qui donne à ses maisons leur aspect éclatant et gai.

On peut trouver une construction semblable dans le canton de Marmande : le pigeonnier carré en bois ou à colombages surmontant l'auvent d'une maison ou de la grange. Celui de Gontaud-de-Nogaret, dessiné page 31 s'était déjà écroulé et avait été rasé en 1991. Le pigeonnier hexagonal sur piliers de Razimet avait subi le même sort peu de temps avant notre visite en mai 1991.

De petits pigeonniers sont également installés sur le toit, légèrement en saillie : on les nomme alors « pigeonnier-échauguette ». Ils peuvent être aussi aménagés dans une petite tourelle qui dépasse de la maison (ill. p. 50).

Les grands colombiers de la noblesse se trouvent la plupart du temps en plein champ à un endroit particulièrement mis en valeur ou de façon à former avec le château un ensemble architectural parfait. Beaucoup d'entre eux ont un rez-de-chaussée libre, au-dessus duquel se dresse le pigeonnier, soutenu par des arcades. Ce sont des signes évidents de la puissance et de la richesse d'un seigneur. Mais bien des fastes du passé ont terni.

Le Château de Combis près de Saint-Soulan possède deux de ces tours élancées qui se dressent dans le pré en avant du château, de façon symétrique (ill. p. 46). Le château lui-même tombe de plus en plus en ruine. Les deux pigeonniers jumeaux forment avec le corps du château à l'arrière-plan, et les cèdres du parc, un ensemble harmonieux. Naturellement, les deux pigeonniers demeurent vides eux aussi : le lanternon de l'un d'eux penche un peu et une fissure court dans la maçonnerie. Toute cette ruine était baignée dans la changeante lumière dorée d'un ciel crépusculaire chargé de nuages.

Der Taubenturm vom Château d'Orbessan südlich Auch ist sechseckig. Der Zugang zum Taubengeschoß ist aus dem freien Erdgeschoß über eine Wendeltreppe in der Turmmitte möglich. Im Innern sind noch Reste der Nester aus Gips und eine schöne Dachkonstruktion zu sehen. Das ziemlich steile Dach hat zwei Fluggauben und ist durch eine keramische Spitze mit Taube gekrönt (Abb. S. 58). Der Besitzer half mir, den Turm aufzumessen. Sein Sohn möchte ihn als Ferienhaus ausbauen.

Le colombier du Château d'Orbessan, au sud d'Auch, est hexagonal. On accède au pigeonnier lui-même par le rez-de-chaussée libre, en empruntant un escalier en colimaçon au centre de la tour. A l'intérieur, on découvre des restes de nichoirs en plâtre et une belle charpente. Le toit, de pente assez prononcée, présente deux lucarnes d'envol et est couronné d'un épi de céramique représentant un pigeon (ill. p. 58). Le propriétaire m'a aidé à prendre les mesures de son colombier. Son fils voudrait en faire une résidence secondaire.

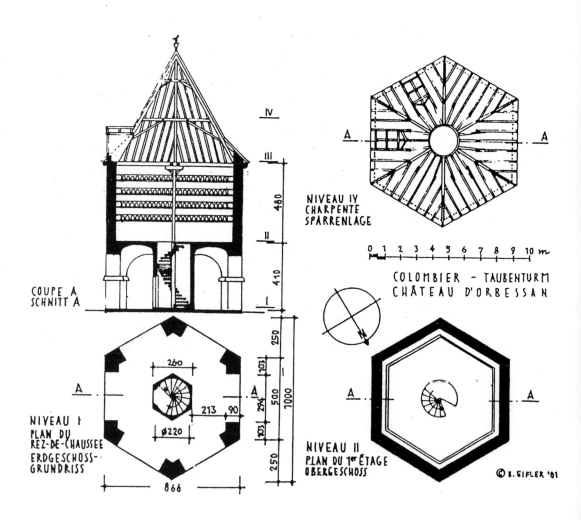

COUPE A
SCHNITT A

NIVEAU IV
CHARPENTE
SPARRENLAGE

0 1 2 3 4 5 6 7 8 9 10 m

COLOMBIER - TAUBENTURM
CHÂTEAU D'ORBESSAN

NIVEAU I
PLAN DU
REZ-DE-CHAUSSEE
ERDGESCHOSS-
GRUNDRISS

NIVEAU II
PLAN DU 1er ÉTAGE
OBERGESCHOSS

© X. GIFLER '01

Der große und prächtige achteckige Taubenturm vom Château Beillard nordwestlich Toulouse steht als Blickfang in der Achse des Schlosses und ist mit diesem durch eine Allee verbunden (Abb. S. 45). Als wir 1982 das

Au nord-ouest de Toulouse, l'imposant colombier du Château Beillard magnifique tour octogonale, est bien fait pour accrocher l'œil dans l'axe principal du château, auquel il est relié par une allée. A notre premier passage en 1982, nous

erstemal da waren, freuten wir uns über die schönen Zypressen. 1989 waren die meisten tot, und auch der Taubenturm begann zu verwahrlosen, ein trauriger Anblick.

In Montauban steht, versteckt in einem verschlossenen und verwilderten Park, einer der ältesten Taubentürme der Gascogne. Es ist ein runder Ziegelbau aus dem Jahr 1546, ein « Colombier à pied » mit Kuppel, Zinnen und drei auf den Rand gesetzten Türmchen, die als Windschutz dienen. Er ist das einzige noch erhaltene Bauwerk der ehemaligen Abtei Saint-Théodard. Seine Nisthöhlen sind im Mauerwerk ausgespart. Dieser Typ wird in der Gascogne auch « hune » genannt.

avions admiré les très beaux cyprès. Hélas, en 1989, ils étaient presque tous morts, et le colombier, triste spectacle, était lui aussi laissé à l'abandon (ill. p. 45).

Il existe à Montauban, caché au plus profond d'un parc clos et retourné à l'état sauvage, un des plus vieux colombiers de Gascogne. C'est un bâtiment de briques, circulaire, datant de 1546 ; il s'agit d'un « colombier à pied » avec coupole, créneaux, et sur un côté trois échauguettes pour se protéger du vent. C'est l'unique vestige de l'ancienne Abbaye Saint-Théodard. Les nichoirs sont aménagés dans les murs. Ce type de pigeonnier est aussi appelé « hune » en Gascogne.

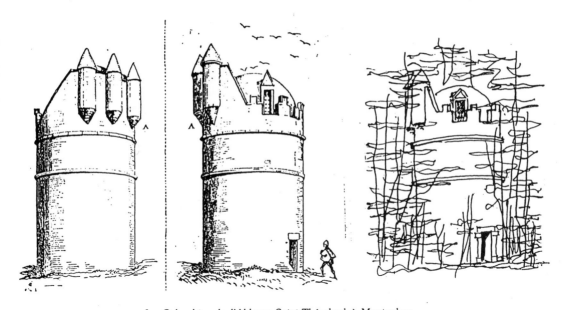

Le Colombier de l'Abbaye Saint-Théodard à Montauban

d'après une ancienne gravure
nach einem alten Stich

comme nous l'avons trouvé
wie wir ihn fanden

Wir suchten vergeblich die Abtei oder ihren ehemaligen Standort. Es war Sonntag, keine Informationsstelle geöffnet. So nahmen wir unsere Zuflucht zur Kirche – dort muß doch am ehesten eine Abtei bekannt sein, dachten wir. Es war Kirchzeit, kein Priester verfügbar außer einem uralten im Presbyterium hinter der Kathedrale, den wir aus seiner Sonntagsruhe aufstörten. Dieser liebe alte Mann fand ein vergilbtes Buch, in dem ein alter Stich des gesuchten

Nous avons longtemps cherché en vain l'abbaye ou son ancien emplacement, un dimanche où tous les offices de tourisme étaient fermés. Nous nous étions rabattus sur l'église, pensant que là, au moins, on devait avoir connaissance d'une abbaye. Aucun prêtre n'étant disponible à l'heure de la messe, nous dérangeâmes finalement un vieil abbé qui faisait sa sieste au presbytère. Ce brave homme dénicha un vieux livre jauni où le colombier était représenté, et

Taubenturmes war, und erklärte uns die Lage der ehemaligen Abtei. Wir folgten seiner Beschreibung, standen vor einer hohen Mauer und einem geschlossenen Tor. Glücklicherweise entdeckten wir eine Bresche, wir stiegen in den Park ein, kämpften uns durch Brombeer- und Klettengestrüpp und fanden tatsächlich, vom rötlichen Schimmer des Mauerwerks geleitet, den prächtigen Taubenturm auf einer Kuppe. Er war einmal restauriert worden, steht unter Denkmalschutz, wurde dann aber wieder vergessen. Es bedurfte zweier hartnäckiger Sucher und des freundlichen alten Priesters, um ihn wieder aufzufinden.

Ein ähnlicher Taubenturm steht etwa 30 km südlich Toulouse bei Cintegabelle auf dem Gelände der Domäne Bouyssou. Er ist wohl der schönste Colombier im Südwesten Frankreichs (Abb. S. 44), ein runder, mit einer Kuppel abgedeckter Turm aus Ziegelmauerwerk mit vier auf den Kuppelkranz gesetzten leicht auskragenden Windschutztürmchen, deren zwei auch als Einflugöffnungen nach innen offen sind, und einer durchlöcherten Laterne auf der Kuppelmitte. Der Kuppelkranz ist durch Wasserspeier entwässert. Der hohe zylindrische Baukörper hat zwei Schutzringe gegen kletternde Raubtiere, einen unteren aus glasierten Kacheln und ein

nous expliqua l'endroit où se dressait autrefois l'abbaye. Suivant sa description, nous nous retrouvâmes bientôt devant un haut mur et un portail cadenassé. Après avoir pénétré dans le parc par une brèche providentielle et traversé des buissons de mûrier et de bardane, nous découvrîmes en effet, guidés par les reflets rouges de ses murs, le superbe colombier sur une butte. Il avait jadis été restauré, classé monument historique, puis était de nouveau tombé dans l'oubli. Il avait fallu notre obstination et la gentillesse du vieux prêtre pour le retrouver.

Un tel colombier se dresse également à 30 km au sud de Toulouse, à Cintegabelle, sur le domaine de Bouyssou. C'est sans doute le plus beau colombier du sud-ouest (ill. p. 44), une tour de briques coiffée d'une coupole, ornée de quatre tourelles légèrement en saillie sur le bord de cette coupole ; deux d'entre elles sont ouvertes vers l'intérieur, servant de trous d'envol. Un lanternon ajouré surmonte le milieu du dôme, quatre gargouilles évacuent les eaux à sa base. Le corps cylindrique du haut bâtiment présente deux anneaux de protection contre les prédateurs qui pourraient y grimper ; celui du bas est fait d'une bande de carreaux émaillés, le second est un

Domaine de Bouyssou (31) Cintegabelle.

auskragendes Gesims in Zweidrittelhöhe. Alle Details, die Simse, die Kragkonsolen für die Türmchen, die Wasserspeier, die Kuppeln mit ihren Bekrönungen sind mit äußerster Sorgfalt gearbeitet. In der Harmonie seiner Formen und dem sanften Rot der Toulouser Ziegeln ist der Anblick des Bauwerks ein hoher ästhetischer Genuß. Der Taubenturm enthält über 2 000 im Mauerwerk ausgesparte Nisthöhlen und den Mittelmast der ehemaligen Drehleiter.

Im Departement Tarn stehen einige Taubentürme, die ihrer skurrilen Architektur wegen in kein Schema passen. So die zwei rechteckigen Bauten mit Giebeldach in Couffouleux bei Rabastens, die als Remise genutzt werden. Die Nester sind, von außen zugänglich, im Kniestock untergebracht. Beide Gebäude sind sehr vernachlässigt. Der quadratische Taubenturm vom Manoir la Nauze bei Brens (Baujahr 1848) hat ein Giebeldach, dessen Giebel eine überreiche architektonische Bekrönung tragen. In der Umgebung von Lautrec, in Labat und Condat, stehen quadratische Taubentürme mit gestuften Giebeldächern zwischen barocken Giebeln (Abb. S. 52).

Guy Morizet hat 15 Taubenhäuser in Clairac (Lot-et-Garonne) und Umgebung aufgemessen und gezeichnet. Diese Dokumente sind schon deshalb so wertvoll, weil einige der Bauten nicht mehr erhalten sind. So die Scheune mit dem Taubenschlag von Roudey in Gontaud-de-Nogaret, das sechseckige Fachwerk-Taubenhaus auf Säulen von Razimet, der quadratische Turm von les Estripeaux in Saint-Brice. Andere sind sehr baufällig und werden, wenn sich nicht jemand ihrer erbarmt, ebenfalls bald verschwunden sein : das auf neun plumpen Pfeilern an einzigartiger Stelle stehende Taubenhaus aus dem Jahr 1701 von Cantemerle in Varès (Abb. S. 55) und der quadratische Turm mit den schönen Fluggauben von Broc-à-Lesparre in Saint-Brice (Abb. S. 56) : auch das in Colleignes beim Château la Tour de Rance auf Säulen stehende Taubenhaus hat Risse, und die Gebäude der Ferme Beausseins in Roubillon, die der schöne Torturm mit Taubenhaus aus dem Jahr 1645 überragt (Abb. S. 53), sind verlassen und verfallen langsam.

larmier en surplomb au deux tiers de la hauteur. Tous les détails, les corniches, les consoles pour les échauguettes, les gargouilles et les coupoles avec leurs faîtes sont ouvragés avec le plus grand soin. Par l'harmonie de ses formes et les douces couleurs de la brique rose de Toulouse, cet édifice procure une haute jouissance esthétique. Le colombier contient plus de 2 000 nichoirs aménagés dans les murs et le mât central d'une ancienne échelle tournante.

Dans le département du Tarn, on trouve quelques pigeonniers que, par suite de leur architecture particulière, on ne peut ranger dans aucune catégorie définie. Ainsi à Couffouleux, près de Rabastens, les deux bâtiments à pignon dont le rez-de-chaussée est utilisé comme remise. Les pigeons sont abrités dans les combles, accessibles de l'extérieur. Les deux édifices ont été longtemps laissés à l'abandon. Le pigeonnier de Croix-de-Molles à l'Isle-sur-Tarn a un toit à pignons couronnés d'épis de céramique, de même que celui du Manoir de la Nauze près de Brens (daté de 1848), dont les pignons portent une riche décoration architecturale. Aux environs de Lautrec, à Labat et à Condat, on peut voir des pigeonniers carrés avec un toit en plusieurs parties entre deux pignons baroques (ill. p. 52).

Guy Morizet a relevé les dimensions et dessiné les plans de 15 pigeonniers à Clairac (Lot-et-Garonne) et dans les environs. Le tout premier mérite de ces documents est de décrire des édifices dont quelques-uns ont disparu, telle la grange de Roudey comportant un pigeonnier, à Gontaud-de-Nogaret, le pigeonnier hexagonal à colombages sur colonnes de Razimet, ou la tour carrée des Estripeaux à Saint-Brice. D'autres sont très délabrés, et disparaîtront eux aussi, si personne ne les prend en pitié, comme le pigeonnier de Cantemerle à Varès (photo p. 55) datant de 1701, et campé dans un cadre unique sur neuf grossiers piliers, ainsi que la tour carrée de Broc-à-Lesparre à Saint-Brice (photo p. 56) avec ses belles lucarnes d'envol. A Colleines, le pigeonnier du Château La Tour de Rance, construit sur des colonnes, présente des fissures, et les bâtiments de la Ferme Beausseins à Roubillon sont à l'abandon et tombent lentement en ruines ; le beau pigeonnier-porche daté de 1645 domine encore l'ensemble (photo p. 53).

Ob die schöne Dokumentation der Tauben-häuser im Departement Tarn-et-Garonne von Dominique Letellier (32) oder sein Einfluß in der Commission supérieure des Monuments histori-ques bewirken können, daß wenigstens die wichtigsten von ihnen gerettet werden können ?

Die Gebäude der Baumschule in Montauban-Fonneuve verfallen, an dem auf einem Bein stehenden in seiner Bauform einzigartigen Tau-benhaus scheint niemand ein Interesse zu haben. Der Ziegelturm von Saint-Cry in Montech ist baufällig ; das achteckige auf neun Säulen ste-hende Taubenhaus der Ferme Martel in Réalville wird nicht mehr lange dem Verfall widerstehen ; der große, sehr massive Ziegelturm mit Kuppel und acht Dachgauben in der Obstplantage der Ferme Milliole bei Moissac ist noch einigermaßen erhalten, jedoch ungepflegt, und die Wurzeln des sich auf der Kuppel ansiedelnden Gesträuchs haben ihr Zerstörungswerk bereits begonnen. Gut erhalten und einigermaßen gepflegt ist der quadratische aus Hausteinen errichtete Turm mit der schlanken Laterne und den schönen Flug-gauben von Lahourettes in Marsac (Abb. S. 53), der aus dem 17. Jahrhundert stammt und ehemals zum Schloß gehörte. Er enthält 616 aus behauenen Steinen geformte Nisthöhlen, wäh-rend die oben genannten Taubenhäuser früher Nester aus Korbgeflecht enthielten.

La documentation sur les pigeonniers du Tarn-et-Garonne, rassemblée par Dominique Letellier (32), et l'action de ce dernier à la Commission supérieure des Monuments histori-ques permettront-elles de sauver au moins les plus importants d'entre eux ?

Les bâtiments de la pépinière de Montauban-Fonneuve se délabrent, et personne ne semble s'intéresser à un pigeonnier d'une architecture originale, perché sur un seul et unique pied. La tour de briques de Saint-Cry à Montech est en piteux état, tandis qu'à la Ferme Martel, à Réalville, le colombier octogonal, construit sur neuf colonnes ne résistera plus longtemps à la ruine. Dans les vergers de la Ferme Milliole à Moissac, la tour en briques, à coupole ornée de huit lucarnes d'envol, se trouve encore relative-ment en bon état, mais l'ensemble est laissé à l'abandon et les racines des broussailles ont entamé sur la toiture leur œuvre de destruction. On a su bien conserver par contre, et entretenir, la tour carrée, surmontée d'un lanternon élancé et ornée de belles lucarnes, à Lahourettes près de Marsac (photo p. 53) : ce colombier date du XVIIe siècle et appartenait autrefois au château. Il contient 616 nichoirs creusés dans la pierre taillée, alors que les pigeonniers que nous venons de citer contenaient auparavant des nids faits de paniers en vannerie.

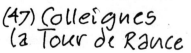

(47) Colleignes
la Tour de Rance

(82) Montauban-
Fonneuve

Auf der Gemarkung Miroux Haut in Valeilles im Kanton Montaigu-de-Quercy stehen zwei kleine runde über einem Brunnen errichtete Taubenhäuser, beide gut restauriert. Bei dem einen ist für die Sicherheit der Tauben auf sehr einfache Weise dadurch gesorgt, daß der auf dem runden Brunnenhaus sitzende Taubenhauszylinder einen größeren Durchmesser hat (Abb. S. 54).

Schließlich möchte ich noch die Ruine des Taubenturmes von Lausseignan erwähnen, ehemals ein sechseckiger herrschaftlicher Colombier über Bögen mit einer Wendeltreppe inmitten des freien Erdgeschosses ; er enthält besonders schöne keramische Nistzellen (Abb. siehe unten). Da der Eigentümer keine Möglichkeit sieht, das Bauwerk zu restaurieren, hat Charley Tantet mit dessen Einverständnis einige davon gerettet.

Au lieu-dit Miroux-Haut, à Valeilles dans le canton de Montaigu-de-Quercy, on voit deux petits pigeonniers circulaires, érigés chacun au-dessus d'un puits ; tous deux sont très bien restaurés. Sur l'un d'eux, on a veillé à la sécurité des pigeons d'une manière très simple : le cylindre du pigeonnier est d'un diamètre supérieur à celui du puits (photo p. 54).

Je voudrais pour terminer mentionner les ruines du pigeonnier de Lausseignan (Lot-et-Garonne) : c'était autrefois un colombier seigneurial hexagonal sur arcades avec un escalier à colimaçon au milieu du rez-de-chaussée libre. Il contient encore de beaux nichoirs en céramique (ill. ci-dessous). Comme le propriétaire n'a pas la possibilité de restaurer l'édifice, c'est Charley Tantet qui, avec son accord, en a sauvé quelques-uns.

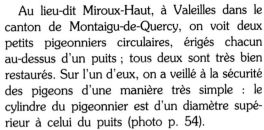

Lausseignan
(Lot-et-Garonne)

Ruine d'un colombier hexagonal avec de beaux boulins en céramique

Ruine eines sechseckigen Taubenturmes mit schönen keramischen Nistvasen

Vue intérieure ▷
de la coupole
Blick in die Kuppel

△
◁ Domaine de Bouyssou
Cintegabelle
(Haute-Garonne)

Sans doute le plus beau
colombier de la Gascogne,
avec plus de 2 000 nichoirs.

Wohl der schönste Tauben-
turm in der Gascogne, ein
Colombier à pied mit über
2 000 Nisthöhlen

Château Beillard à Merville (Haute-Garonne)

Château des Vigiers à Monestier (Dordogne)

Colombiers
du château
de Combis
à Saint-Soulan
(Gers)

*Deux colombiers
identiques*
Zwei gleiche
Taubentürme

Allemans-du-Dropt (Lot-et-Garonne)

La Sauvetat-du-Dropt (Lot-et-Garonne)

Taubenhäuser auf Säulen

Die Taubenhäuser auf Säulen sind aus statischen Gründen im allgemeinen als Fachwerkkonstruktionen errichtet. Das Taubenhaus in Montdragon ist eine Ausnahme ; hier sind die Lasten des massiven Mauerwerks durch Bögen auf die Stützen abgetragen.

Pigeonniers sur piliers

Généralement les pigeonniers sur piliers sont construits en colombage pour des raisons statiques ; celui de Montdragon constitue l'exception : le poids de ses murs en dur est transmis sur les piliers par des arcs de décharge.

▽ Montdragon (Tarn)   Penne (Tarn) ▷

Beauregard (Lot)

Saint-Geniès (Dordogne)

Die Taubenhäuser auf den Kalkhochflächen der Causses sind meist mit flachen Steinplatten über Kragsteinkuppeln gedeckt.

La plupart des pigeonniers sur les plateaux calcaires des Causses sont couvert de pierres plates au-dessous d'une coupole en tas de charge.

Faycelles (Lot) – Pigeonnier-garriotte

◁ Chasteaux-le-Soulier
(Corrèze)

« La poivrière » ▷
à Lavaur (Tarn)

Pern-Lacoste (Lot)

Château Lahitte à Moncrabeau (Lot-et-Garonne)

Lacapelle-Livron ▷
(Tarn-et-Garonne)

ci-dessous :
Dans le Quercy blanc on appelle les pigeonniers au-dessus des terrasses d'entrée « pigeonnier-bolet ».

unten :
Im Quercy Blanc werden die Taubenschläge über der Eingangsterrasse des Hauses « pigeonnier-bolet » genannt.

Trébaix
(Lot)

Pern-Lacoste
(Lot)

La Nauze
à Brens (Tarn)

◁ Lautrec-Labat (Tarn)

▽ Lautrec-Condat (Tarn)

△
Marsac (Gers)
Colombier du Château
▽

△
Bausseins (1645)
à Roubillon
(Lot-et-Garonne)
▽

◁ Valeilles, Miroux-Haut
(Tarn-et-Garonne)

▽ Massels, Château Lacam
(Lot-et-Garonne)

« Cantemerle » à Varès (Lot-et-Garonne)

Sainte-Grégoire ▷
(Lot-et-Garonne)

Lafrançaise ▷
« Lunel »
(Tarn-et-Garonne)
bâtiment en torchis
Lehmbauweise

Hameau de Saint-Brice (Lot-et-Garonne)

Flamarens (Gers)

Saint-Viviens-de-Monségur (Gironde)

Antonne (Dordogne) – Château des Bories

△ Queyssac (Dordogne)

Détail des chapiteaux △ Detail der Säulenköpfe

▽ Montauban «Fonneuve»   Pigeonnier sur un seul pied
(Tarn-et-Garonne)   Taubenhaus auf einem Fuß

▽ Moissac : « Miliolle » (Tarn-et-Garonne)

Marquay (Dordogne) △
Hameau de la Greze

△ Château d'Orbessan (Gers)

Gontaud-de-Nogaret ▽
(Lot-et-Garonne)

△ Borrèze (Dordogne)

DIE MITTELMEERREGIONEN

Im Süden Frankreichs sind die bäuerlichen Taubenhäuser weitaus zahlreicher als die des Adels und der Klöster. Sie sind dem Grundbesitz entsprechend kleiner. Die kleinsten unter ihnen sind keine eigentlichen Taubenhäuser, sondern Taubenschläge, die in Giebeln, in Dachhäuschen, Erkern, Türmchen, über Treppenaufgängen oder Toreinfahrten untergebracht sind. Wir fanden fantasievolle Lösungen. Auch in den Taubentürmen ist oft nur das oberste Geschoß für die Tauben reserviert, während die darunterliegenden anders genutzt werden. Hier fällt die Unterscheidung zwischen bürgerlich und feudal schwer, da der ärmere Adel sich auch mit bescheidenen Taubenschlägen begnügte und große Bauerngüter sich oft einen ihrem Landbesitz angemessen großen freistehenden Taubenturm leistete. Doch finden sich sowohl im Südwesten wie auch in der Provence große, prächtige Türme, « Colombiers à pied » mit 2000 bis 3000 Nistgelegenheiten.

Die Mehrzahl der Taubenhäuser in den Provinzen längs des Mittelmeeres weist eine einheitliche Architektur auf. Sie entspricht der traditionellen Dorfarchitektur, die aus kubischen Baukörpern mit flachgeneigten Pultdächern besteht. Es gibt wenig Holz, und die « Charpente », die hölzerne Dachkonstruktion, besteht in der Regel nur aus den von Wand zu Wand in der Dachneigung verlegten Sparren, die in der Mitte von einem mächtigen Tragbalken, meist einem runden Stamm, unterstützt werden.

Die meisten Taubentürme haben einen quadratischen Grundriß und ein nach Süden geneigtes Hohlziegeldach. Als Windschutz für die anfliegenden Tauben ist über das Dach hinaus ein dreiseitiger Mauerkranz errichtet, und als Schutz gegen kletternde Raubtiere dient ein Kranzgesims unterhalb der Fluglöcher. Diese sind als perforierte Steinplatte unterhalb des Daches an der Südseite in die Wand eingebaut, manchmal auch ein zweitesmal an der Ostseite. Diese Bauform wird « pied de mulet » (Maultierhuf) genannt. Im Languedoc sind sie meistens den

LES RÉGIONS MÉDITERRANÉENNES

Dans le midi de la France, les pigeonniers paysans sont bien plus nombreux que les colombiers de la noblesse ou des monastères. Ils sont moins grands, comme les terres sur lesquelles ils se dressent. Les plus petits d'entre eux, à vrai dire, ne sont que de simples pigeonniers qui ont trouvé refuge sur un pignon, sous une lucarne, dans une petite pièce en encorbellement ou une tourelle, sur un auvent ou au-dessus d'un porche. Nous avons rencontré des solutions pleines d'originalité. Même dans les tours destinées à cet usage, souvent, seul l'étage supérieur est réservé aux pigeons, les autres niveaux servant à autre chose. Il est malaisé d'opérer une distinction entre bâtiments roturiers et seigneuriaux, étant donné que la noblesse la plus démunie pouvait se contenter de modestes pigeonniers tandis que de grandes fermes étaient souvent en mesure d'entretenir un colombier indépendant, en rapport avec l'étendue de leurs terres. On trouve cependant aussi, en Provence comme dans le Sud-ouest, de magnifiques « colombiers à pied » abritant 2000 à 3000 nichoirs.

La majorité des pigeonniers des provinces du bord de la Méditerranée présente une architecture uniforme qui correspond à celle des villages : des bâtiments cubiques avec toit à une pente peu inclinée. Dans ces régions, le bois est rare et la charpente se compose en règle générale de simples chevrons courant d'un mur à l'autre selon la pente du toit et uniquement soutenus en leur milieu par une forte poutre, le plus souvent un tronc d'arbre.

La plupart des pigeonniers ont un plan carré et leur toit de tuiles creuses est incliné vers le sud, une couronne de murets s'élève sur trois côtés au-dessus du toit, pour protéger du vent les pigeons qui viennent se poser : une corniche sous les trous d'envol sert de protection contre les animaux prédateurs. La grille d'envol est faite d'une plaque de pierre percée de trous, encastrée sous le toit dans le mur exposé au sud, parfois aussi des côtés sud et est. Ce type de construction est appelé « pied de mulet ». En Languedoc ces pigeonniers sont presque toujours adossés ou

Hofgebäuden, oft dem Wohnhaus, an- oder eingebaut. Sie haben dann mehrere Geschosse, die verschieden genutzt werden. Östlich Toulouse und südlich Albi und ebenso in der Provence sind diese Türme vorzugsweise mit einem zweistufigen Dach abgedeckt, das zwischen den beiden Stufen eine Reihe weiterer Fluglöcher enthält.

Seltener sind runde Türme mit dem flachgeneigten mediterranen Dach, das mit Hohlziegeln oder Steinplatten gedeckt und ein- oder zweistufig ausgeführt wird. Auch die runden Türme haben den überstehenden Mauerkranz als Windschutz, weshalb diese Form auch « col de manteau retourné » (hochgestellter Mantelkragen) genannt wird.

incorporés aux bâtiments de la ferme, souvent même à l'habitation principale. Ils comprennent plusieurs niveaux, utilisés différemment. En Provence tout comme à l'est de Toulouse et au sud d'Albi ces tours sont surtout couvertes d'un toit en deux parties entre lesquelles est aménagée une rangée supplémentaire de trous d'envol.

Plus rares sont les bâtiments circulaires à toit peu incliné de type méditerranéen couvert de tuiles creuses ou de pierres plates, en une ou deux parties. Les tours rondes possèdent elles aussi ce mur en couronne qui surmonte le toit pour servir de brise-vent, d'où leur nom de « col de manteau retourné ».

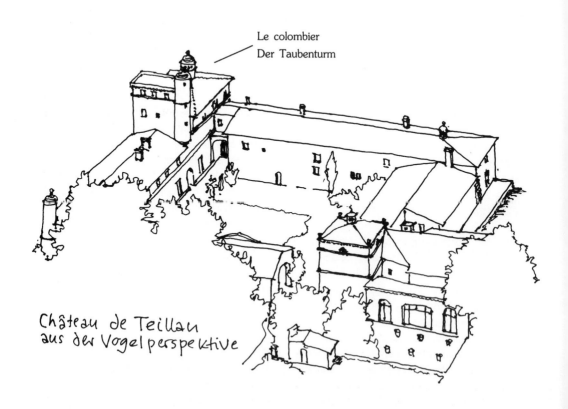

Le colombier
Der Taubenturm

Château de Teillan
aus der Vogelperspektive

LE LANGUEDOC

Mas de Merle
(30) Conqueirac

Larnac
(30) UZÈS

Aureilhac
(30) UZÈS

Chadouillet
(07) Ardèche

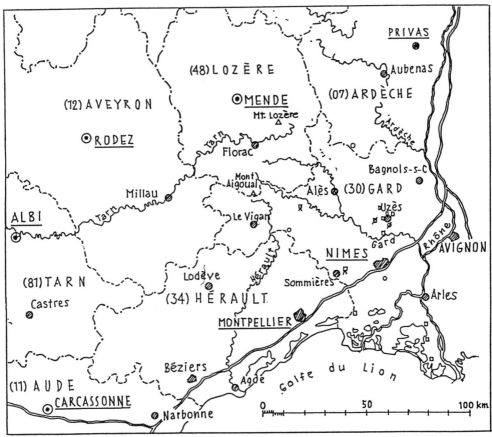

PRIVAS

Aubenas

(48) LOZÈRE

(07) ARDÈCHE

(12) AVEYRON

⊙MENDE

Mt. Lozère △

⊙RODEZ

Tarn

Florac

Bagnols-s-C

Mont
Aigoual △

Alès ⊗ (30) GARD

Millau

Uzès

Tarn

Le Vigan

Gard

ALBI

Rhône

AVIGNON

NIMES

(81) TARN

Lodève

Sommières

Arles

Castres

(34) HÉRAULT.

MONTPELLIER

Béziers

Golfe du Lion

Agde

0   50   100 km.

(11) AUDE

◎ CARCASSONNE

Narbonne

Château Grand Teillan
(30) Aimargues

Château d'Aujargues
(30) Sommières

Ch. Barnier
(30) Caissargues

Mas de Belugue
(13) Camargue

DÉPARTEMENTS

11 Aude
30 Gard
34 Hérault
48 Lozère
66 Pyrénées-
   Orientales

DAS LANGUEDOC

Im Languedoc gibt es noch heute viele Taubentürme, fast alle von der einheitlichen quadratischen Form, klein, und der Hausgruppe des
Bauernhofes, den man hier « mas » nennt, eingefügt. Sie gehören so selbstverständlich zu einem
Bauernhaus, daß sie häufig bei Neubauten auch
heute noch mitgebaut werden, freilich nur der
Architektur wegen. Taubenhaltung ist hier kaum
möglich, da auf dem Land jeder, der als Mann
gelten will, ein Gewehr hat und dem dörflichen
Jagdklub angehört. Architektonisch interessante
Türme sind selten. Sie sind in der den Cevennen
vorgelagerten fruchtbaren Ebene zu finden, die
meisten von ihnen im Departement Gard.

Ein schönes Beispiel eines feudalen Tauben-
turms in mediterraner Architektur ist der Turm des
Château d'Aujargues in der Nähe von Sommières
(Abb. S. 66). Er hat einen quadratischen Grundriß
und ist auf vier mit Bögen verbundenen Pfeilern
über einem freien Erdgeschoß errichtet. Der
Gewölbeschlußstein trägt die Jahreszahl 1669.
Der Turm enthält 482 Nistzellen aus Gips und
Hohlziegeln. Unter dem Taubenhaus befindet sich
im Fußboden eine große Steinplatte, die eine
flache Mulde mit ovalem Grundriß enthält, deren
Zweck nicht geklärt werden konnte. Der Schloß-
herr meinte, sie sei Badewanne und Tränke für die
Tauben gewesen, doch scheint sie eine ganz andere Bestimmung gehabt zu haben.

LE LANGUEDOC

Il subsiste aujourd'hui beaucoup de pigeonniers en Languedoc. Ils sont presque tous de la
même forme carrée, de petites dimensions, et
intégrés aux bâtiments principaux du mas. Le
pigeonnier fait si naturellement partie de la ferme
que l'on en construit encore de nos jours, mais
pour des raisons esthétiques. L'élevage des
pigeons est quasiment exclu du fait que quiconque veut soigner sa réputation doit avoir un
fusil et faire partie du club de chasse local. Les
pigeonniers intéressants du point de vue architectural sont rares. Ils se trouvent dans la plaine
fertile au pied des Cévennes, pour la plupart dans
le département du Gard.

Le pigeonnier du Château d'Aujargues, près
de Sommières est un bel exemple de colombier
seigneurial d'architecture méditerranéenne (ill.
p. 66). De base carrée, il est construit sur quatre
piliers reliés par des arcs en plein cintre, au-dessus
d'un rez-de-chaussée ouvert dont la clef de voûte
porte la date de 1669. Le pigeonnier contient
482 nids de plâtre et de tuiles creuses. Le
rez-de-chaussée abrite une grande dalle de pierre
légèrement évidée et formant une cuvette ovale,
dont l'usage est incertain. Le propriétaire du
château est d'avis qu'elle servait de baignoire et
d'abreuvoir pour les oiseaux, mais elle nous
semble avoir une toute autre destination.

château d'Aujargues (30) GARD

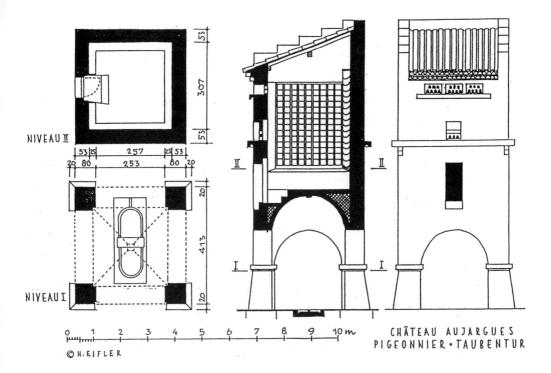

NIVEAU II

NIVEAU I

© H·EIFLER

CHÂTEAU AUJARGUES
PIGEONNIER · TAUBENTUR

Der alte Herr erzählte, daß sein Großvater viele Tauben hatte, sie aber abschaffte, weil er Schwierigkeiten mit den Nachbarn bekam. Er selbst setzte, um das Taubenhaus wieder zu beleben, ein weißes Taubenpaar hinein, das sich im Lauf des Sommers zu einer Schar von neun Tauben vermehrte, von denen wenige Tage nach Beginn der Jagd nur noch eine einzige übrig blieb.

Ein bescheidener, dennoch nobler Taubenturm überbrückt im Weiler Vic der Gemeinde Sainte-Anastasie eine enge Gasse. Er war ursprünglich Teil des Schlosses (Abb. S. 66).

Nicht weit davon, an der Straße Nîmes – Uzès, baut sich hoch über dem Pont Saint-Nicolas die ehemalige Abtei Saint-Nicolas-de-Campagnac auf, ein prächtiger Anblick. Auf der hohen Uferböschung der anderen Straßenseite steht der dazugehörige Taubenturm, ein massiger quadratischer Turm ohne architektonische Ambition.

Vor der Gemeinde Garrigues im Kanton Saint-Chaptes steht die Ruine eines quadratischen großen Taubenturms mit ehemals rund 900 Nestern, die die gesamte Turmhöhe einnehmen, also ein « Colombier à pied », wie ihn nur adlige Herren bauen durften. Die jetzigen Eigentümer des Schlosses haben die Absicht, wie uns gesagt wurde, ihn zu restaurieren.

Le vieil homme nous a raconté que son propre grand-père possédait encore beaucoup de pigeons, mais qu'il les avait supprimés à la suite d'ennuis avec ses voisins. Lui-même, afin de redonner vie au pigeonnier, y avait introduit un couple de pigeons blancs. L'été suivant on en dénombrait neuf, mais quelques jours après l'ouverture de la chasse il n'y en avait plus qu'un seul.

Dans le hameau de Vic sur la commune de Sainte-Anastasie, un pigeonnier modeste, mais de noble origine, enjambe une ruelle étroite. Il faisait auparavant partie du château (ill. p. 66).

Non loin de là, sur la route qui va de Nîmes à Uzès, la vieille abbaye de Saint-Nicolas-de-Campagnac domine de très haut le pont Saint-Nicolas, dans un site superbe. De l'autre côté de la route, sur la haute berge, se dresse le colombier qui en dépend, une tour carrée d'aspect massif, sans prétention architecturale.

A l'entrée de la commune de Garrigues, dans le canton de Saint-Chaptes, s'élève ce qui reste d'un grand pigeonnier de plan carré qui contenait autrefois environ 900 nids occupant toute la hauteur de l'édifice, un « colombier à pied » donc, comme ne pouvaient en construire que les nobles. Les actuels propriétaires du château ont l'intention, nous a-t-on dit, de le restaurer.

Wir registrierten noch einige weitere feudale und bäuerliche Taubenhäuser südlich Nîmes und in der Vaunage, die einst das Gelobte Land der Protestanten war und nach der Aufhebung des Edikts von Nantes durch Ludwig XIV Schauplatz heftiger Kämpfe wurde. Unter diesen nimmt ein Taubenturm in der Kleinen Camargue eine besondere Stellung ein, weshalb wir ihn aufmaßen und ich ihn hier näher beschreiben will.

Es ist der schöne Taubenturm des Château Teillan bei Aimargues im Kanton Vauvert. Das Schloß hat eine alte Geschichte. Die Grundmauern stammen aus römischer Zeit. Der Taubenturm wurde 1605 anstelle eines Verteidigungsturmes und auf dessen Grundmauern errichtet. Der danebenstehende kleine Treppenturm von 1420 wurde in den Neubau einbezogen. Im Erdgeschoß befand sich das Gefängnis des Schloßherrn. Der Turm ist Teil einer prächtigen geschlossenen Anlage. Er hat einen quadratischen Grundriß mit äußeren Seitenlängen von 6,60 m, innen im Taubengeschoß von 5,50 m. Der Bau ist sorgfältig aus fein behauenem Sandstein aufgeführt und mit einer Flachkuppel

Nous avons encore recensé quelques autres pigeonniers féodaux et paysans au sud de Nîmes et dans la Vaunage, qui fut jadis la Terre Promise des Protestants et devint, après la Révocation de l'Edit de Nantes, le théâtre de violents combats. Parmi ceux-ci, un pigeonnier de la Petite Camargue occupe une place particulière, raison pour laquelle nous avons relevé exactement ses dimensions et allons le décrire ici.

Il s'agit du beau colombier du Château de Teillan, à Aimargues, dans le canton de Vauvert. Le château a une histoire très ancienne ; les fondations en remontent à l'époque romaine. Le pigeonnier, construit en 1605, fut érigé sur les fondations d'une tour de défense. La tourelle adjacente, qui abrite l'escalier, date de 1420 et a été intégrée dans la nouvelle construction. Au rez-de-chaussée se trouvait la prison du seigneur. Le pigeonnier constitue une partie d'un splendide ensemble architectural. C'est un plan carré de 6,60 m de côté à l'extérieur et de 5,50 m à l'intérieur du pigeonnier même. De construction soignée, le bâtiment est fait de blocs de grès finement travaillés, coiffé d'une coupole aplatie

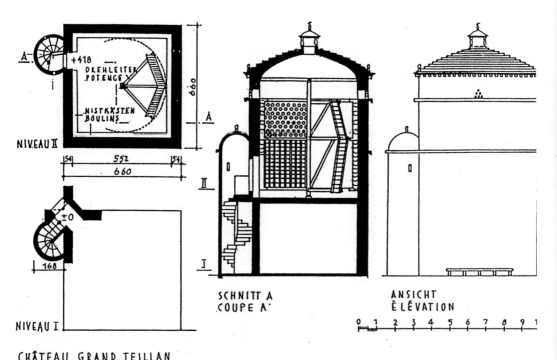

CHÂTEAU GRAND TEILLAN

in Form einer Bischofsmütze abgedeckt, auf der eine zierliche Laterne mit der gleichen Kuppelform sitzt. Auf der Kuppel des runden Treppentürmchens, den vier Ecken des Hauptturmes und auf der Laterne sitzen steinerne Spitzen in Form von Pinienzapfen.

en forme de bonnet d'évêque, elle-même surmontée d'un élégant lanternon de forme identique. Sur la coupole de la tourelle d'escalier, aux quatre coins de la tour principale et sur le lanternon sont placés des épis de faîtage en pierre représentant des pommes de pin.

L'intérieur avec l'échelle tournante (1 300 nids)

Inneres mit Drehleiter, 1300 Nester

Château du Grand Teillan, Aimargues (Gard)

Die Besonderheit des Turmes besteht darin, daß er für die Züchtung von Brieftauben gebaut wurde, die für die Schiffe des Königs zur Korrespondenz mit dem 9 km entfernten Aigues-Mortes bestimmt waren, das in jener Zeit der einzige Hafen des Königs von Frankreich war. Die geringe Größe des Lehens hätte andernfalls das Privileg für 1300 Nistgelegenheiten nicht gerechtfertigt. Das Bauwerk ist tadellos erhalten mit fast allen Nestern, die je zur Hälfte aus eingemauerten Tonkrügen und aus Hohlziegel –/Gipszellen bestehen. Um einen Mittelpfosten dreht sich eine geknickte Drehleiter zur Kontrolle der Nester. Das Schloß kann besichtigt werden.

La particularité de ce colombier est d'avoir été édifié pour l'élevage des pigeons voyageurs destinés aux bateaux de la flotte royale pour leur correspondance avec le port d'Aigues-Mortes, port du Roi de France, distant de neuf kilomètres. Les faibles dimensions du fief, autrement, n'auraient pas justifié le privilège accordé pour 1300 nichoirs. Le bâtiment est dans un état de conservation remarquable ; la quasi-totalité des nids existent encore ; ce sont pour moitié des pots de terre cuite scellés dans le mur et pour l'autre des nids de plâtre et de tuiles creuses. Une potence coudée tournant autour d'un axe central permet le contrôle des boulins. Le château est ouvert à la visite.

△ Mas de la Roquette, Uzès (Gard)

▽ Château d'Aujargues (Gard)

▽ Vic, Sainte-Anastasie (Gard)

△ Redessan (Gard)

△ Mas du Tort en Camargue

Petit pigeonnier
en belvédère

Kleines
Taubenhaus auf
dem Dach

Mas de Merle ▷
à Conqueirac
(Gard)

Chadouillet (Ardèche)

Dieser « Pigeonnier-borie », ein Taubenturm in der Bauweise einer « borie », steht auf der Grenze zwischen Gard und Ardèche.

Ce « pigeonnier-borie », un pigeonnier construit à la manière d'une « borie », se trouve près de la limite entre le Gard et l'Ardèche.

LA PROVENCE

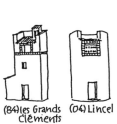

(84) les Grands
Cléments

(04) Lincel

(84) Limans
la Terre du Curé Martin

(84) Limans

(04) Lurs
Monessargues

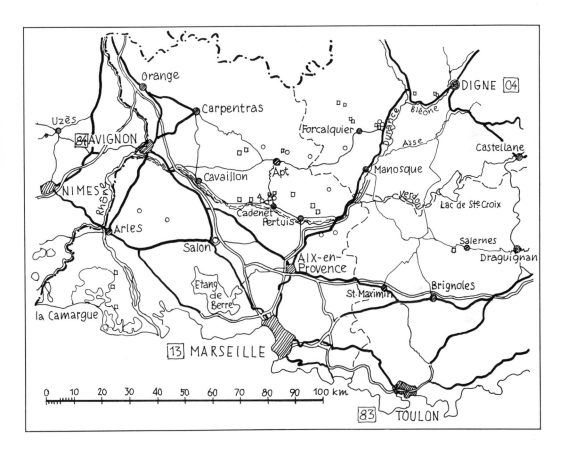

Orange

Uzès

AVIGNON

NIMES

Arles

la Camargue

Carpentras

Cavaillon

Cadenet

Pertuis

Salon

Etang
de
Berre

13 MARSEILLE

Apt

Forcalquier

Manosque

AIX-en-
Provence

St-Maximin

Durance

Bléone

Asse

Verdon

Lac de Ste Croix

DIGNE 04

Castellane

Salernes

Draguignan

Brignoles

83 TOULON

0 10 20 30 40 50 60 70 80 90 100 km

(13) Fontvieille
Mas d'Auge

(13) Mouriès
Ch. la Servanne

(13) Lansac
St. Roche

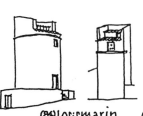

(84) Lourmarin
la Tuilière   la Savornine

(84) la Tour d'Aigues
la Castellette

(83) Château
de Sillans-l-C

DIE PROVENCE

In der Camargue geht das Languedoc in die Provence über. Die Architektur ihrer Gutshöfe ist traditionell die gleiche wie im Languedoc. Die meisten wurden im 17. und 18. Jahrhundert erbaut, ihre Taubentürme haben die gleiche Gestalt wie die im Languedoc und sind wie diese Teil der zusammenhängenden Hofgebäude, meist dem Wohnhaus angebaut. Auffällig ist, daß sie mehr Fluglöcher enthalten. Während man sich im Languedoc mit 6 bis 10 Öffnungen begnügt, haben die Taubentürme der Camargue 20 und mehr.

Der Eigentümer des Mas de Belugue hat seinen gedrungenen, an das Wohnhaus angebauten Taubenturm schön restauriert und mit Tauben besetzt. Es sind Ziertauben, und sie sind sein Hobby. Da in der Camargue die Jagd verboten ist, kann er sich diese Liebhaberei leisten (Abb. S. 78).

Ein Beispiel aus der Provence, das in fast allen Veröffentlichungen als Taubenhaus angeführt wird, ist jedoch nicht für Tauben gebaut worden und hat auch nie welche beherbergt : Die Bories bei Gordes haben Abbé Pierre Martel (35) und andere mit ihren « Fluglöchern » über dem Eingang zu der Annahme verführt, sie seien Taubenhäuser gewesen. Wer jedoch selbst Tauben hält, weiß, daß sie niemals Löcher anfliegen, die nur 1,50 m über dem Erdboden liegen. Auch sonst wären ihnen diese Rundhäuser zu unsicher gewesen, die keinerlei Schutz gegen Raubtiere besitzen. Tatsächlich enthalten sie auch keine Nester. Die großen Verdienste von Abbé Martel um die Erforschung und Erhaltung der provenzalischen Taubenhäuser werden durch diesen verzeihlichen Irrtum nicht geschmälert.

Ein bemerkenswertes Exemplar eines Taubenhauses in der Rundbauweise der Bories fanden wir im Departement Ardèche. Es ist wesentlich höher als übliche Bories, hat ein Schutzgesims, das die Ratten am Klettern hindert, und hochliegende Einflugöffnungen und erfüllt damit alle Anforderungen an ein Taubenhaus (Abb. S. 68).

LA PROVENCE

En Camargue, on passe du Languedoc à la Provence. Traditionnellement, l'architecture de ses mas est la même que celle des fermes languedociennes. La plupart de ces mas datent des XVIIᵉ et XVIIIᵉ siècles ; leurs pigeonniers sont de la même construction que ceux du Languedoc, ils font partie du corps principal du bâtiment et sont le plus souvent adossés à la maison d'habitation. Il est frappant de constater qu'ils présentent un plus grand nombre de trous d'envol. Alors que l'on ne constate en Languedoc que de six à dix trous, les pigeonniers de Camargue en ont vingt ou plus.

Le propriétaire du mas de Belugue a restauré de belle façon son pigeonnier assez bas, adjaçant à sa maison, et y a introduit des oiseaux ; ce sont des colombes d'agrément et elles constituent son violon d'Ingres. La chasse étant interdite en Camargue, il peut s'offrir ce passe-temps sans aucun risque (ill. p. 78).

Un exemple provençal présenté dans presque tous les guides comme pigeonnier, n'a cependant pas été construit à cet usage et n'a d'ailleurs jamais abrité de pigeons : les bories de Gordes, avec leurs « trous d'envol » au-dessus de l'entrée, ont fait croire à l'Abbé Pierre Martel (35), entre autres, qu'il s'agissait là de pigeonniers. Mais quiconque élève lui-même des pigeons sait bien que ces oiseaux n'y rentrent jamais par des ouvertures situées à seulement 1,50 m du sol. Par ailleurs, ils ne se seraient absolument pas sentis en sécurité dans ces bâtiments ronds qui ne possèdent aucune protection contre les animaux prédateurs. Et de fait ils ne contiennent aucun nid. Cette erreur de jugement bien pardonnable n'enlève rien à la valeur des mérites acquis par l'Abbé Martel dans ses efforts pour l'étude et la conservation des pigeonniers de Provence.

Dans le département de l'Ardèche, nous avons trouvé un spécimen remarquable de pigeonnier construit sur le modèle circulaire des bories. Il est nettement plus haut que les autres bories, il possède un larmier empêchant les rats de grimper, et des trous d'envol s'ouvrant assez haut ; il répond ainsi à tous les critères de conception exigés d'un pigeonnier (ill. p. 68).

Das französische Ministerium für Kultur fördert ein umfangreiches Werk : die lückenlose Registrierung aller wichtigen Bauwerke und Kunstschätze (26). Sie erfolgt kantonsweise. Von der Provence liegen die Aufnahmen der Kantone Cadenet und Pertuis im Departement Vaucluse vor, die im fruchtbaren Durancetal liegend im Mittelalter ein Getreideanbaugebiet waren, und wo sich daher viele Taubenhäuser befinden. Wir erfahren über sie in diesem Inventar interessante Einzelheiten, die ich auszugsweise zitiere :

Der Taubenturm ist, da in der Provence für die Taubenzucht keinerlei Vorrecht bestand, eines der bekanntesten Merkmale des provenzalischen Hauses. Er ist üblicher Bestandteil eines Landgutes, ob in Adelsbesitz oder nicht. Daher hat im Pays d'Aigues fast jeder zweite Hof (46 %) ein Taubenhaus. (...) Die 59 erfaßten Taubenhäuser sind ziemlich gleichmäßig über das Land verteilt. (...)

a) Einzelstehende oder unabhängige Taubentürme.

20 Taubenhäuser (39 %) stehen isoliert, 12 von ihnen gehören zu einem Schloß oder zu einem aristokratischen Landgut. (...) 11 (19 %) sind Teil eines anderen Bauwerks. (...) Der kreisförmige Grundriß ist Merkmal der einzelstehenden Taubentürme (9), alle übrigen (22) haben einen quadratischen oder annähernd quadratischen Grundriß. Die Abmessungen folgen offenbar keiner Norm. Die runden Taubentürme sind deutlich die größten mit Durchmessern von 6,50 m bis 9,50 m. Die Seitenlängen der quadratischen Taubentürme schwanken zwischen 3,10 m und 5,70 m ; die Seitenlänge von 9 m des Taubenturms vom Château de Villelaure ist eine Ausnahme.

Unter den 29 unabhängigen Taubentürmen, deren Inneneinrichtung bekannt ist, sind nur 5 ausschließlich und vollständig mit Taubennestern besetzt ; alle übrigen haben in gleichem Verhältnis zwei oder drei Geschosse (ein oder zwei Obergeschosse), von denen der eigentliche Taubenschlag nur das oberste einnimmt ; die unteren werden verschieden genutzt : als Hühner- oder Kaninchenstall, als Backofen, Kelter oder Vorratskeller, oder im ersten Obergeschoß als Wohnung. Zwei Taubentürme – die der Grande Bastide und des Schlosses in Lauris – sind mit einer Kuppel abgedeckt.

Le Ministère de la Culture soutient la réalisation d'un ouvrage d'envergure : le recensement complet de tous les monuments importants et trésors artistiques, canton par canton (26). Pour la Provence, nous disposons des renseignements concernant les cantons de Cadenet et de Pertuis (Vaucluse), dans la plaine fertile de la Durance, qui était au Moyen Age une région de culture céréalière et où les pigeonniers sont donc nombreux. Cet Inventaire nous les décrit avec d'intéressants détails dont je voudrais citer ici quelques extraits.

Composante habituelle de la bastide, aristocratique ou non, aucun privilège n'étant en Provence attaché à l'élevage des pigeons, le pigeonnier constitue l'un des traits les plus communément reconnus de la maison provençale. Alors qu'en pays d'Aigues près d'une exploitation sur deux (46 %) possède un pigeonnier. (...) Les 59 pigeonniers recensés sont assez régulièrement répartis dans l'ensemble du pays. (...)

a) Pigeonniers isolés ou indépendants.

20 pigeonniers sont isolés (30 %), 12 d'entre eux dépendent d'un château ou d'une bastide aristocratique ; (...) 11 (19 %) occupent un corps de bâtiment (...). Le plan circulaire est propre aux pigeonniers isolés (9), tous les autres (22) ont un plan carré ou approchant du carré. Les dimensions ne répondent apparemment à aucune norme. Les pigeonniers circulaires sont sensiblement les plus grands, les diamètres s'échelonnent de 6,50 m à 9,50 m, les côtés des pigeonniers « carrés » de 3,10 m à 5,70 m ; les 9 m de côté du pigeonnier du château de Villelaure constituent une exception.

Parmi les 29 pigeonniers indépendants, dont les dispositions intérieures sont connues, 5 seulement abritent un vaisseau cintré intégralement occupé par les boulins ; tous les autres présentent en proportion égale un ou deux étages ; le pigeonnier proprement dit n'y occupe que l'étage supérieur ; les étages en dessous sont utilisés différemment : comme poulailler, clapier, four, cuve ou cave ou, au premier étage, comme habitation. Deux pigeonniers – ceux de La Grande Bastide et du château à Lauris – sont couverts d'une coupole.

Den Zugang zum ersten Stock ermöglicht gewöhnlich eine Außentreppe, aber einige Taubentürme sind über einem Sockelgeschoß errichtet, und das Obergeschoß wird durch eine Leiter erschlossen.

b) Taubenschläge im Dachhaus.

12 Taubenhäuser (22 %) sind in einem Häuschen auf dem Dach untergebracht, im allgemeinen über der Eingangstreppe.

c) Gelegenheits-Taubenhäuser.

Etwa 10 der Taubenhäuser sind irgendwann einmal in einem Raum des Wohnhauses, der Nebengebäude oder in einem anderen nicht mehr genutzten Bauwerk eingerichtet worden, wie zum Beispiel in einer Windmühle (La Tuilière in Lourmarin), in einem Festungsturm (Schloß in La Bastide-des-Jourdans). Einer der eindrucksvollsten Taubentürme im Pays d'Aigues, der von Les Grottes bei Puyvert, wurde in den Mauern eines ehemaligen Wohnhauses eingebaut.

Die Taubenschläge im Dachhaus haben nur wenige Nester – 35 in La Grande Bastide von Puget, 42 in La Grande Bastide von Mirabeau – die großen alleinstehenden Taubentürme mehrere Tausend – 2245 in L'Etang (im Jahr 1637), mehr als 2000 in Les Grottes bei Puyvert. (...)

Die Nistzellen sind niemals im Mauerwerk ausgespart, sondern davor in Reihen übereinander angebracht, ihre Öffnungen meistens gegeneinander versetzt. Sie beginnen selten auf dem Fußboden, sitzen vielmehr auf Regalen, die meistens aus Holz bestehen, in einigen großen Taubentürmen auch aus Stein auf Konsolen oder einer Stützbogenkonstruktion. Nur ausnahmsweise sind die Nistzellen gemauert, die meisten bestehen aus gebranntem Ton – glasierten Töpfen oder Hohlziegeln – oder aus Gips. Sie sind also aus geformten, « vorgefertigten » Elementen hergestellt, meistens aus quadratischen Platten 40 × 40 × 3 cm groß, manchmal sind es zylindrische Zellen. Von 8 einzelstehenden Taubentürmen, die damit ausgestattet waren, haben noch sechs einen Mast mit Aufsetzstangen oder einer Leiter, die sich um eine Mittelachse dreht.

b) Pigeonniers en belvédère.

L'accès au premier étage se fait ordinairement par un escalier extérieur, mais certains pigeonniers sont construits sur un étage de soubassement ; une échelle dessert le second.

13 pigeonniers (22 %) constituent, en général à l'aplomb de l'escalier, un belvédère sur le corps de logis.

c) Pigeonniers de fortune.

Une dizaine de pigeonniers consistent en une pièce aménagée à une époque indéterminée dans le logis, les dépendances ou des corps de bâtiment désaffectés tels qu'un moulin à vent (La Tuilière à Lourmarin), une tour d'enceinte (château de La Bastide-de-Jourdans) ; un des plus spectaculaires pigeonniers du pays d'Aigues, celui des Grottes de Puyvert, a été édifié dans la carcasse d'une demeure.

(...) Les pigeonniers en belvédère abritent quelques dizaines de boulins – 35 à La Grande Bastide de Puget, 42 à La Grande Bastide de Mirabeau – les grands pigeonniers isolés en comptent plusieurs milliers – 2 245 à l'Étang en 1627, plus de 2 000 aux Grottes de Puyvert – (...).

Jamais intégrés à la maçonnerie du gros-œuvre, les boulins sont superposés en rangées régulières, leurs ouvertures la plupart du temps décalées d'une rangée sur l'autre. Ils reposent rarement sur le sol, mais sont posés sur une étagère la plupart du temps en bois ou dans certains grands pigeonniers isolés sur une étagère en pierre portée par des corbeaux ou une armature aveugle. Les boulins ne sont qu'exceptionnellement en maçonnerie. La plupart sont constitués d'éléments de terre cuite – pots vernissés ou tuiles – ou de plâtre, ils sont alors composés d'éléments modulaires, « préfabriqués », la plupart du temps des plaques carrées 40 × 40 × 3 cm, (...) parfois des nids cylindriques. Sur 8 pigeonniers isolés qui en étaient dotés, six conservent un mât de perroquet ou escalette, échelle pivotant autour d'un arbre axial.

Ich will nun einige der von uns aufgesuchten Taubenhäuser beschreiben, wie wir sie 1988 und 1989 vorfanden. Überraschend viele waren noch von Tauben bewohnt. Man hält heute Tauben aus Liebhaberei, aber auch für den Verzehr ; sie werden auf Märkten neben Gemüse, Hühnern und Eiern verkauft. Es sind meist die kleinen bäuerlichen Taubenhäuser, in denen noch Leben ist. Viele der großen Türme verfallen oder sind restauriert und zu Ferienhäusern ausgebaut.

Wir parken unser Auto unter hohen Bäumen vor dem großen Haus und fragen nach dem schönen Taubenturm. Der Hausherr, ein großer hagerer Mann mit einem Vogelgesicht, amüsiert sich über die Frage. « So, einen "beau pigeonnier" möchten Sie sehen ? » Ich erkläre ihm unser Forschungsvorhaben, und er ist gleich bereit, uns zu ihm zu führen. Auch seine Frau begleitet uns. Es geht durch ein weites mit Obstbäumen bestandenes Gelände. Das Gut heißt « La Tuilière » (die Dachziegelei) und gehört zur Gemeinde Lourmarin. Monsieur erzählt, während des Krieges sei ein chantier de jeunesse (Jugend-Arbeitsdienst) einquartiert gewesen, die Jugendlichen haben Dachziegel hergestellt. Ein hagerer Junge, so erzählt er mit einem listigen Blick zu uns, habe die schmalen unteren Hohlziegel über seinem Oberschenkel geformt, ein dicker die breiteren oberen !

Der Taubenturm ist rund und hat ein zweistufiges Dach. Er steht auf einem sehr viel breiteren Unterbau, der einmal als Ziegenstall genutzt wurde. Aus dem Eingangsgeschoß darüber führt eine Treppe in das obere Geschoß, das ehemals die Tauben beherbergte. Es ist jetzt als Gästezimmer eingerichtet. Dies ist bereits der zweite Umbau, denn ursprünglich ist der Turm als Windmühle errichtet worden. Die Fluglöcher zwischen den beiden Dachflächen sind durch Fenster ersetzt, doch einige Reihen der keramischen Nistzellen sind erhalten und zwei Reihen Haken darüber, an denen Nistkörbe aufgehängt waren, ebenso die Bodenluke, durch die der Taubenmist nach unten gescharrt wurde.

In der Nachbarschaft, ebenfalls zur Gemeinde Lourmarin gehörend, liegen die Höfe la Ferrière und la Savornine. Beide besitzen einen kleinen quadratischen Turm. Der von la Ferrière enthält noch seine gut erhaltenen 270 Nistzellen ; der

Je vais maintenant décrire quelques-uns des pigeonniers visités par nous en 1988 et 1989 dans l'état où nous les avons trouvés. A notre grande surprise, beaucoup d'entre eux étaient encore occupés par les pigeons. On élève des colombes par passion, mais les pigeons domestiques sont également destinés à la consommation ; on les trouve en vente sur les marchés, à côté des légumes, poules et œufs. Les pigeonniers encore habités sont pour la plupart de petits pigeonniers paysans. Beaucoup de grands colombiers tombent en ruine, ou sont restaurés pour devenir des résidences secondaires.

Nous garons notre voiture sous de grands arbres devant la vaste demeure et demandons à voir le beau pigeonnier. Le maître de maison, grand, s'amuse de la question : « Alors comme ça, vous voulez voir un "beau pigeonnier" ? » Je lui explique l'objet de nos recherches, et il se déclare aussitôt prêt à nous y conduire, en compagnie de sa femme. Nous traversons un grand verger. Le domaine s'appelle La Tuilière ! sur la commune de Lourmarin. Notre guide nous explique qu'il y avait là, pendant la guerre, un chantier de jeunesse, et que les jeunes gens y fabriquaient des tuiles. En nous lançant un regard farceur, il nous raconte que le plus maigre d'entre eux façonnait les tuiles plus étroites du bas du toit, et le plus fort les larges tuiles du dessus – sur leur cuisse !

Le pigeonnier est de forme circulaire et possède un toit en appentis avec décrochement ; il se dresse sur un soubassement beaucoup plus large, autrefois utilisé comme étable pour les chèvres. Au-dessus, au niveau de l'entrée, un escalier conduit à l'étage supérieur qui abritait autrefois les pigeons, aujourd'hui aménagé en chambre d'amis. C'est la deuxième transformation qu'il subit, car la tour était à l'origine un moulin à vent. Les trous d'envol entre les deux pans de toit ont fait place à des fenêtres, mais quelques rangées de nids en céramique ont été conservées, ainsi que deux rangées de crochets au-dessus, auxquels étaient suspendus des nids en vannerie ; on voit encore la trappe dans le plancher, par laquelle on pouvait évacuer la colombine vers l'étage inférieur.

Dans les environs, toujours sur la commune de Lourmarin, se trouvent les mas de la Ferrière et de la Savornine. Tous deux possèdent un petit pigeonnier carré. Celui de la Ferrière contient encore ses 270 nichoirs en bon état ; celui de

la Savornine
(1726)

von la Savornine bildet mit den Gebäuden des Hofes ein reizvolles Ensemble.

Es existieren noch mehrere Taubentürme in Lourmarin. Gleich am Ortseingang steht in einem Weinfeld der große runde, äußerlich gut erhaltene, innen aber ausgeleerte Turm, der unter dem Namen « l'Étang » registriert ist. Er war mit seinen ehemals 2 245 Nisthöhlen einer der größten in der Provence und fällt durch sein doppeltes Band aus leuchtend braun und orange glasierten Kacheln auf.

Diese Kachelbänder sind ein Merkmal der provenzalischen Taubenhäuser. Sie dienen als Schutz gegen kletternde Raubtiere und werden rund um den Turm unter dem Kranzgesims oder als Umrandung um die Fluglöcher angebracht. Bei den Glasuren herrschen alle Töne von Gelb, Orange und Braun vor, manchmal werden auch grüne und blaue Kacheln mit eingemischt. Die Kacheln werden bunt verlegt und geben dem Bauwerk ein fröhliches Aussehen.

In Pertuis steht ein großer runder restaurierter Taubenturm als historisches Baudenkmal in dem neugebauten Schulzentrum. Der ebenfalls runde auf dem Gut la Simone bei Pertuis ist zum Gästehaus umgebaut.

Bei la Tour-d'Aigues steht beim Gut la Castellette ein großer quadratischer Taubenturm (Abb. S. 79), der, heute Ruine, einmal sehr schön gewesen sein muß. Sein weit auskragendes Kranzgesims und das Gewände der mit einem Rundbogen abschließenden Eingangstür sind sorgfältig ausgeführte Steinmetzarbeiten, der doppelte Kachelfries enthält gelbe, orangene und grüne Kacheln. Der Turm wurde 1668 erbaut.

la Savornine forme avec le reste du corps de la ferme un ensemble gracieux.

Il existe plusieurs autres pigeonniers à Lourmarin. Juste à l'entrée du village se dresse dans un vignoble le grand colombier rond, bien restauré de l'extérieur mais vidé à l'intérieur, recensé sous le nom de l'Étang. C'était autrefois avec ses 2 245 nids un des plus grands de la Provence. Il attire l'attention par sa double rangée de carreaux émaillés de vive couleur orange et marron.

Ces bandes de carreaux sont une caractéristique des pigeonniers provençaux. Ils constituent une protection contre les animaux prédateurs, formant un bandeau circulaire sous la corniche supérieure, ou une bordure autour de la grille d'envol. Dans l'émaillage dominent tous les tons de jaune, orange et brun, quelquefois s'y mêlent des carreaux verts et bleus. Toutes les couleurs sont mélangées et donnent à la construction un aspect très gai.

A Pertuis, un grand colombier rond se dresse, restauré et classé monument historique, dans le tout nouveau groupe scolaire. Non loin de cette ville, celui du domaine de la Simone, circulaire lui aussi, a été transformé en auberge.

A la Tour-d'Aigues, sur le domaine de la Castellette, s'élève un pigeonnier carré, aujourd'hui en ruine, qui autrefois devait être splendide (ill. p. 79). Les jambages de la porte d'entrée, terminée par un arc roman, sont de pierre finement taillée ; la double frise de carreaux émaillés alterne les couleurs jaune, orange et verte. Le colombier date de 1668.

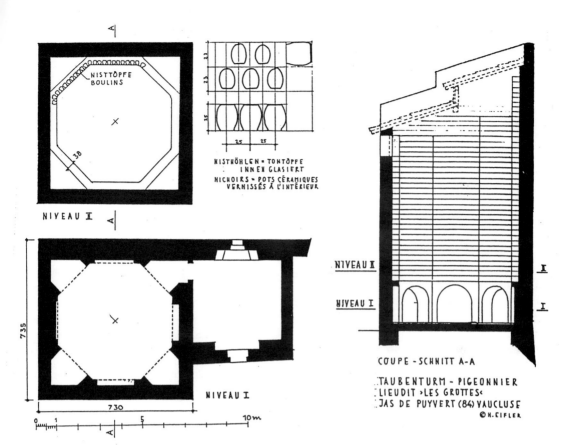

NISTTÖPFE
BOULINS

NIVEAU II

KISTHÖHLEN - TONTÖPFE
INNEN GLASIERT
NICHOIRS - POTS CÉRAMIQUES
VERNISSÉS À L'INTÉRIEUR

NIVEAU I

NIVEAU II

NIVEAU I

COUPE - SCHNITT A-A

TAUBENTURM - PIGEONNIER
LIEUDIT ›LES GROTTES‹
JAS DE PUYVERT (84) VAUCLUSE
© H. CIFLER

Einer der bedeutendsten Taubentürme im Pays d'Aigues steht auf dem Hügel la Gardette, einem Felsen gegenüber Puyvert. Er ist unter der Bezeichnung « Les Grottes » registriert und deshalb so wichtig erhalten zu werden, weil seine Nester aus innen glasierten Tontöpfen bestehen, was selten ist (Abb. S. 22). Er ist ein quadratischer Turm von beträchtlichen Ausmaßen, ursprünglich Teil einer Burg, in dem die Nistzellen in einer zweiten Schale eingefügt sind, die ein Achteck mit ausgerundeten Ecken bildet. Diese Schale sitzt auf einem Mauerabsatz über Rundbögen. Sie besteht aus holzarmiertem Gips, in dem die Zellen mit ovalen Öffnungen eingebettet sind, und zwar in horizontalen Reihen, abwechselnd mit gelber und brauner Innenglasur, und senkrecht gegeneinander versetzt. Es waren einmal 2 450 Nistgelegenheiten, von denen höchstens noch zwei Drittel erhalten sind. Dem Turm fehlt das Dach, die Gipsschale ist dem Regen ausgesetzt, und schon Abbé Martel beklagt, daß viele der Töpfe bei dem Versuch, sie herauszubrechen, zerstört wurden. Der Turm ist also jahrzehnte-

Un des plus importants colombiers du Pays d'Aigues se dresse sur un rocher, la colline de la Gardette, face à Puyvert, recensé sous le nom « Les Grottes ». Il est fondamental de le conserver parce que ses nids sont constitués, fait très rare, de pots de céramique vernissés à l'intérieur (ill. p. 22). C'est une tour carrée de dimensions respectables, dans laquelle les nichoirs sont insérés dans une seconde enveloppe, octogonale à angles arrondis, faite de plâtre armé de bois, où sont couchés les pots à l'ouverture ovale. Ceux-ci se présentent en rangées horizontales, la couleur de l'émail intérieur alternant avec le jaune et le marron, et ils sont décalés verticalement. Il y avait autrefois 2 450 nids, dont il reste au plus les deux tiers. Le pigeonnier n'a plus son toit, le plâtre des nichoirs est exposé aux intempéries, et l'Abbé Martel déplorait déjà que beaucoup de pots eussent été brisés en essayant de les arracher du mur. Ce colombier, bien que classé monument historique, est donc tombé dans l'oubli pour des décennies. A notre première

- 75 -

lang, obwohl unter Denkmalschutz, vergessen worden. Als wir ihn das erstemal besuchten, bot sich uns ein trauriges Bild. Der Boden lag meterhoch voller Schutt und zerbrochener Scherben. Daß nicht mehr zerstört wurde, verdankt der Turm seiner Unzugänglichkeit. Er ist zwar von weitem sichtbar, aber ein Zufahrtsweg führt nur zu einem verwahrlosten Hof, dahinter die Grotten und unbesteigbare Felsen. Erst beim zweiten Versuch hatten wir Glück und trafen den Schäfer an, der in den Grotten seine Schafe hält. Er zeigte uns den schwer zu findenden Pfad, der zum Turm führt. Durch Stachelgebüsch, Thymian, lichtes Kieferngehölz, stiegen wir hinauf und standen schließlich glücklich auf der Höhe vor dem gesuchten Turm. Im Oktober 1989 besuchten wir ihn ein drittes Mal, um ihn aufzumessen. Zu unserer Überraschung war die Umgebung des Turmes aufgeräumt und der Schutt beseitigt. Wir erfuhren, daß sich die Verwaltung des Nationalparks Lubéron um den Turm kümmert.

Alle bisher beschriebenen Taubenhäuser der Provence liegen im Departement Vaucluse im Tal der Durance. Nördlich des Lubéron sind es durchweg kleinere Bauten, vielfach nur Taubenschläge. Schöne, noch von Tauben bewohnte Türme stehen um Forcalquier im Departement Alpes-de-Haute-Provence.

Limans besitzt mehrere quadratische Taubentürme, darunter den schon von Abbé Martel beschriebenen 15 m hohen Turm aus dem Jahr 1553, genannt « la Terre du Curé Martin » (Abb. S. 80). Sie sind alle noch gut erhalten, bis auf den von « la Font Vieille », den wir wegen seiner angeblich noch erhaltenen Inneneinrichtung suchten. Er war inzwischen abgerissen worden, um einem Neubau Platz zu machen.

Um Lurs herum stehen eine ganze Reihe quadratischer und runder Taubentürme, die zum Teil noch von Tauben bewohnt sind.

Im Departement Var bei Sillans-la-Cascade westlich Salernes fanden wir einen großen quadratischen Turm, der sicherlich einst zu dem Schloß auf der anderen Straßenseite gehörte. Er ist wegen seiner schönen aus Gips geformten Nester bemerkenswert (Abb. S. 22). Das pyramidenförmige Dach ist mit Dachpfannen gedeckt, also bereits einmal erneuert worden, hat aber

visite le spectacle était désolant. Le sol était recouvert d'un bon mètre de gravats et de débris de poteries. La tour ne doit qu'à son accès difficile de ne pas avoir été plus endommagée. Elle est certes visible de loin mais le chemin d'accès ne mène qu'à une cour à l'abandon ; derrière s'élèvent des rochers qu'on ne peut escalader. Lors de notre deuxième tentative, nous eûmes la chance de rencontrer le berger qui garde ses moutons dans le site des Grottes. Il nous montra le sentier, difficilement repérable, qui conduit au bâtiment. Après avoir traversé ronces et buissons de thym dans un bois de jeunes pins, nous nous sommes retrouvés tout en haut, heureux, devant le pigeonnier tant cherché. Nous sommes revenus sur place en 1980 pour le métrage, et à notre grande surprise les alentours immédiats avaient été déblayés, et les gravats enlevés. Nous apprîmes que l'administration du Parc National du Lubéron s'occupait désormais du colombier.

Tous les colombiers provençaux décrits jusqu'à présent se trouvent dans le département du Vaucluse, dans la vallée de la Durance. Au nord du Lubéron, on ne voit plus en général que des pigeonniers plus petits, très souvent de simples volières. De beaux colombiers à pied encore occupés, se dressent autour de Forcalquier, dans le département des Alpes-de-Haute-Provence.

Limans possède plusieurs colombiers carrés, dont un, nommé « la Terre du Curé Martin » (15 m du haut) et déjà décrit par l'Abbé Martel, date de 1553 (ill. p. 80). Ils sont tous dans un bon état de conservation, sauf celui de « la Font Vieille », que nous cherchions en raison de son aménagement intérieur, que l'on disait intact. Mais il avait été rasé pour faire place à une construction moderne.

Autour de Lurs se dresse toute une série de pigeonniers ronds ou carrés, encore occupés en grande partie par les oiseaux.

Dans le département du Var, près de Sillans-la-Cascade, à l'ouest de Salernes, nous avons trouvé un grand colombier carré, contenant encore de beaux nichoirs en plâtre (ill. p. 22), et qui fait apparemment partie du château situé de l'autre côté de la route. Le toit en pyramide est couvert de tuiles mécaniques : il a donc été restauré au moins une fois, mais a conservé sa pointe

noch seinen alten Knauf auf der Spitze. Wir besuchten ihn im Frühjahr, als der Raps leuchtete und Zistrosen, Thymian und Minze um den Fuß des Turmes blühten und dufteten. Der Platz lud zum Verweilen ein.

Nicht sehr zahlreich sind die Taubentürme im Departement Bouches-du-Rhône. Wir fanden dort vorwiegend runde Türme (Ausnahme : Camargue).

Solch ein runder Taubenturm gehört zur Domäne St. Roch bei Lansac (Abb. S. 80). Er ist Teil der schloßartigen Bastide, aus Hausteinen errichtet und mit einer Kuppel abgedeckt. Als Zugang zu seinen Geschossen ist ein Treppenturm drangebaut, in der gleichen Form, jedoch schlanker und kleiner. Die Fluglöcher sind, wie auch in der Camargue üblich, in fünf Reihen übereinander im Dreieck über dem Kranzgesims angeordnet.

Nördlich Mouriès liegt das Château Servannes. Man erreicht es nach einer Fahrt durch typischen Alpille-Wald : Sand, Kiefern, Stachelgewächse, Wohlgerüche. Es ist heute ein Golfhotel für betuchte Gäste. Vor dem Schloß im Park steht der runde, aus behauenen Steinen errichtete Taubenturm. Er hat ein flaches Kuppeldach mit Knauf und Wetterfahne. Die Fluglöcher befinden sich in einer Bogennische über dem Kranzgesims. In das Taubengeschoß führt eine geschwungene Außentreppe. Über dem Eingang ein Schild mit zwei Tauben und der Bezeichnung « Le Pigeonnier ». Er ist noch von Tauben bewohnt. Eine halbentblößte steinerne Dame, die sich auf einen ebenfalls steinernen Baumstumpf stützt, vermutlich Pomona, die Göttin der Baumfrüchte darstellend, leistet ihm Gesellschaft.

Eine kuriose Kombination aus einem runden Turmstumpf und einem daraufgesetzten quadratischen Taubenhaus ist der Taubenturm des Mas du Château d'Auge bei Fontvieille. Der Annahme, daß man auf den Stumpf einer runden Windmühle später das Taubenhaus gesetzt habe, widerspricht die sorgfältige und kunstvolle Steinmetzarbeit, in der der Übergang und das schöne Gewände der Eingangstür ausgeführt sind. Der Bau stellt architektonisch einen Übergang von der Bauweise östlich zu der westlich der Rhone dar. Der Taubenturm ist noch mit Tauben besetzt (Abb. S. 79). (Besuch verboten).

faîtière. Nous l'avons vu au printemps sur le fond lumineux des champs de colza. Au pied de la tour, les senteurs et les couleurs de ciste, de thym et de menthe invitaient à une halte paisible.

Les pigeonniers ne sont pas très nombreux dans le département des Bouches-du-Rhône, où les tours rondes prédominent, sauf en Camargue.

Un tel colombier rond fait partie du domaine de Saint-Roch près de Lansac, une bastide aux allures de château ; il est rond, fait de pierre de taille et coiffé d'une coupole. Une tourelle d'escalier, de forme identique mais plus fine, lui est accolée pour accéder aux étages. Les trous d'envol sont au-dessus de la corniche, sur cinq rangées disposées en triangle selon la coutume camarguaise (ill. p. 80).

Au nord de Mouriès se trouve le Château de Servannes, que l'on atteint en traversant une forêt typique des Alpilles : sables, pins, épineux, senteurs. Le château est maintenant un hôtel pour golfeurs fortunés. Le colombier se dresse dans le parc, devant le château. Il est rond, en pierre de taille, son toit est en coupole aplatie, dont la pointe faîtière est surmontée d'une girouette. Au-dessus de la corniche, une niche couronnée d'un arc abrite les trous d'envol, un escalier extérieur courbé mène au niveau occupé aujourd'hui encore par les oiseaux, et au-dessus de l'entrée, un panneau orné de deux pigeons porte les mots « Le Pigeonnier ». La statue d'une femme à moitié nue, s'appuyant sur un tronc d'arbre également sculpté dans la pierre (sans doute Pomone, la déesse des fruits) tient compagnie au colombier.

Le colombier du Mas d'Auge, près de Fontvieille, offre la curieuse combinaison d'un socle circulaire supportant un pigeonnier carré. On pourrait supposer que le bâtiment a été rajouté sur l'amorce ronde d'un moulin à vent ; mais ce raisonnement est contredit par l'art et la finesse du travail de taille dont témoigne la liaison entre le socle et la partie supérieure, ainsi que les jambages de la porte d'entrée. L'architecture de l'ensemble représente un état intermédiaire entre le type de construction présent à l'est du Rhône et celui que l'on rencontre à l'ouest du fleuve. Ce colombier est encore occupé par les pigeons (ill. p. 79). (Visites interdites)

Château de Servannes à Mouriès (Bouches-du-Rhône)

◁ Plaque de porte du colombier
   Türschild am Taubenturm des Schlosses

▽ Mas de Belugue (Bouches-du-Rhône)

« La Castelette » ▷
à la Tour d'Aigues
(Vaucluse)

Bande de carreaux
colorés autour du
colombier

Farbiges Kachelband
am Taubenturm

Fontvieille
(Bouches-du-Rhône)
▽

Dabisse (Alpes-de-Haute-Provence)　　　　Pigeonnier avec cagnard – Taubenhaus mit Loggia

La « Terre du Curé Martin » à Limans
▽ (Alpes-de-Haute-Provence)

Saint-Roch à Tarascon
▽ (Bouches-du-Rhône)

LE BOURBONNAIS

Bourbon-
l'Archambault

Marigny
Ch. de Charnes

Toulon-s-A.
les Ségauds

la Ferté-Hauterive
Ch. les Echerolles

Château de
Fourilles

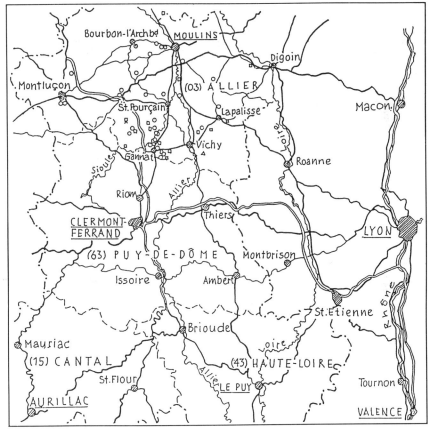

St. Geniès-
du-Rez

Charmes

Mazérier
Ch. Langlard

Jenzat

St. Germain-
de-Salles

Magnet
Ch. de Noally

Lapalisse-
St. Prix

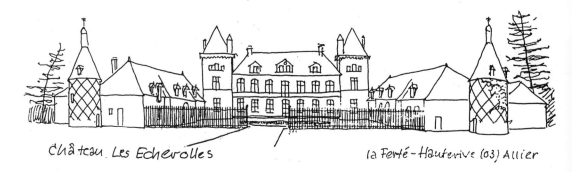

Château Les Echevolles — la Ferté-Hauterive (03) Allier

Château 1840

Zwei Taubentürme früh. 18. Jh.   Deux colombiers début XVIIIᵉ siècle

DAS BOURBONNAIS

Madame Latallerie-Beurrier verdanken wir die Anregung, die Taubentürme des Bourbonnais aufzusuchen. Sie hat vierzig von ihnen gezeichnet und mit liebenswürdigen Kommentaren versehen (29).

Das Bourbonnais, identisch mit dem Departement Allier, gehört heute zur Region Auvergne. Es wird vom Allier durchflossen, dessen Tal sich nördlich Clermont-Ferrand zur fruchtbaren Ebene der Limagne weitet. Sie wird im Westen von den Höhen der Combrailles, im Osten von den Monts de la Madeleine eingefaßt. Sie ist altes Getreideanbaugebiet.

Die Taubentürme sind nicht allzu zahlreich, die Mehrzahl von ihnen steht auf den « bonnes Limagnes » westlich des Allier. Die meisten Türme sind rund, vor allem die grösseren, und gehören zu großen Gütern, die ehemals im Besitz des Adels waren oder es noch heute sind. Doch sind auch ihre Maße bescheiden, keiner von ihnen hat mehr als 500 Nester. Die meisten krönt eine Dachlaterne, die Madame Latallerie-Beurrier « campanile » nennt.

LE BOURBONNAIS

C'est à Madame Latallerie-Beurrier que nous devons de nous être intéressés aux pigeonniers du Bourbonnais. Elle a dessiné quarante d'entre eux, accompagnant ses croquis de charmants commentaires (29).

Le Bourbonnais, qui correspond exactement au département de l'Allier, appartient aujourd'hui à la région d'Auvergne. Il est traversé par l'Allier, dont la vallée s'élargit au nord de Clermont-Ferrand pour former la plaine fertile de la Limagne, bordée par les monts des Combrailles à l'ouest et les monts de la Madeleine à l'est. C'est une vieille région de cultures céréalières.

Les pigeonniers n'y sont pas très nombreux ; la plupart d'entre eux se trouvent dans les « bonnes Limagnes » sur la rive gauche de l'Allier. Ils sont presque tous ronds, surtout les plus grands, et ils appartiennent en majorité à de vastes domaines autrefois propriétés de la noblesse ou qui le sont encore. Leurs dimensions toutefois, demeurent modestes : aucun de ces pigeonniers ne contient plus de 500 nids. Ils sont pour la plupart coiffés d'un lanternon, que Madame Latallerie-Beurrier appelle « campanile ».

Ein schöner Bau ist der behäbige runde Taubenturm des Château Noailly bei Magnet mit seinem roten Ziegeldach. Das Schloß ist nur noch eine romantische Ruine, von deren höchstem Punkt, geführt von der freundlichen Schloßherrin, wir den schönen Turm von oben betrachten konnten.

Der Taubenturm beim Château de Fourilles (Abb. S. 84) ist mit seinem sehr steilen Dachkegel und den in einem Kranz von Bogenfenstern unterhalb des Daches untergebrachten Fluglöchern eine überaus elegante Erscheinung. Sein mit Ziegeln gedecktes Dach ist mit einer schlanken Laterne gekrönt, die noch durch eine lange, fein gearbeitete Metallspitze mit Wetterfahne verlängert ist. Alles an diesem Turm strebt steil in den Himmel.

Der massige Turm im Garten des Grand Hôtel Montespan in Bourbon-l'Archambeau gehörte ursprünglich zu einer Abtei. Die Wälle und der Burgturm der Herzöge von Bourbon bilden einen eindrucksvollen Hintergrund.

Der Taubenturm beim Château de Charmes bei Marigny hat als einziger ein Kuppeldach ; es ist mit Schiefer eingedeckt und mit einer Laterne besetzt.

Die beiden vornehmsten Taubentürme stehen symmetrisch zu beiden Seiten vor dem Château les Écherolles bei la Ferté-Hauterive am rechten Ufer des Allier als vorderer Abschluß der beiden Wirtschaftsflügel. Es sind Zwillinge, kleine runde Türme aus hellroten Ziegeln mit einem die ganze Außenwand überziehenden Rautenmuster aus dunkelviolett gebrannten Klinkern und einem steilen, mit Schiefer gedeckten Kegeldach, auf dem eine Laterne sitzt. Sie stammen aus dem Anfang des 18. Jahrhunderts, während das Schloß erst 1840 wieder aufgebaut wurde (Abb. S. 84).

Die steilen Schieferdächer und die Türme mit ihren schlanken Dachkegeln, deren Spitze noch durch ein Laternentürmchen verlängert ist, sind typisch für die Architektur der Schlösser im Bourbonnais.

Le colombier rond et ramassé du Château de Noailly, près de Magnet, est une belle construction au toit de tuiles rouges. Le château lui-même n'est plus qu'une ruine romantique ; la châtelaine nous a aimablement conduits jusqu'au point le plus élevé de ses vestiges, d'où nous avons pu admirer le pigeonnier.

Le colombier du Château de Fourilles (ill. p. 84) est, avec son toit conique très pointu et ses grilles d'envol aménagées sous le toit dans une couronne de fenêtres arquées, un bâtiment en tout point élégant. Le toit de tuiles est coiffé d'un lanternon élancé que prolonge encore une pointe de métal finement travaillée terminée par une girouette. Tout, dans cette tour, n'est qu'élan vers le ciel.

Le colombier massif situé dans les jardins du Grand Hôtel Montespan à Bourbon-l'Archambeau faisait à l'origine partie d'une abbaye. Les remparts et le donjon des Ducs de Bourbon lui font un décor imposant.

Au Château de Charmes, près de Marigny, le colombier est le seul pigeonnier à présenter un toit en coupole avec une couverture d'ardoises ; il est couronné d'un lanternon.

Les deux colombiers les plus distingués se dressent symétriquement de chaque côté devant le Château des Écherolles à la Ferté-Hauterive, sur les bords de l'Allier. Ils se trouvent à l'avant de chacune des deux ailes abritant les communs. Ce sont deux petites tours rondes jumelles, en briques rouge clair ; un motif en losanges de briques recuites violet foncé orne tout le mur extérieur. Le toit conique très pointu, en ardoise, est surmonté d'un élégant lanternon. Les deux pigeonniers datent du début du XVIIIe siècle, alors que le château lui-même n'a été reconstruit qu'en 1840 (ill. p. 84).

Les toits d'ardoise à forte pente et les tours coiffées d'un cône pointu, encore prolongé par une petite tour lanterne, sont typiques de l'architecture des châteaux du Bourbonnais.

△ La Ferté-Hauterive (Allier)
Château Les Écherolles

Deux colombiers identiques
Zwei gleiche Taubentürme

△ La Ferté-Hauterive (Allier)
Château Les Écherolles

Le colombier de l'aile gauche
Der Taubenturm vom linken Flügel

◁ Château de Fourilles (Allier)

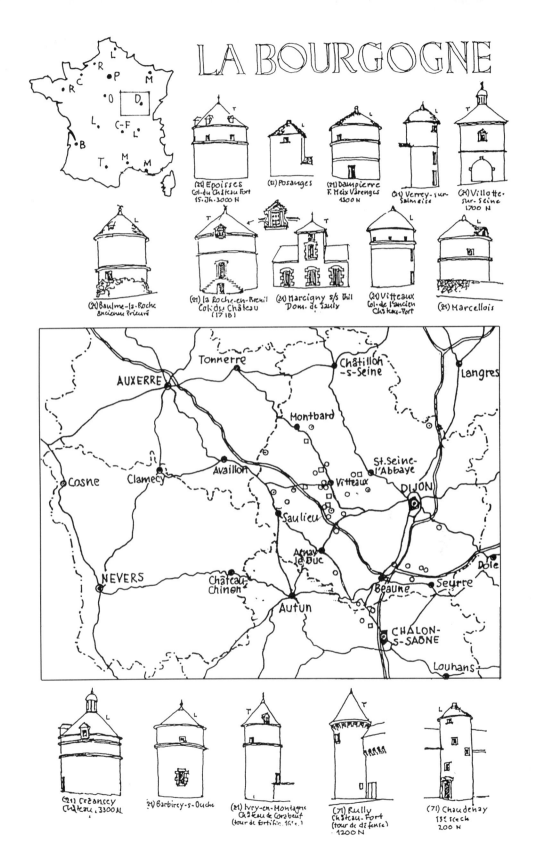

LA BOURGOGNE

(21) Epoisses
Col du Château Fort
15. Jh. 3000 N

(21) Posanges

(21) Dampierre
F. Meix Varenges
1300 N

(21) Verrey-sur-Salmaise

(21) Villotte-sur-Seine
1700 N

(21) Baulme-la-Roche
Ancienne Prieuré

(21) la Roche-en-Breuil
Col du Château
(1718)

(21) Marcigny s/s Thil
Dom. de Sauly

(21) Vitteaux
Col de l'ancien
Château-Port

(21) Marcellois

Tonnerre
Châtillon-s-Seine
Langres
AUXERRE
Montbard
St. Seine-l'Abbaye
Availlon
Vitteaux
DIJON
Cosne
Clamecy
Saulieu
NEVERS
Arnay-le-Duc
Dole
Château-Chinon
Beaune
Seurre
Autun
CHALON-s-SAONE
Louhans

(21) Créancey
Château. 3300 N

(21) Barbirey-s-Ouche

(21) Ivry-en-Montagne
Château de Corabeuf
(tour de fortific. 16° s.)

(71) Rully
Château-Fort
(tour de défense)
1200 N

(71) Chaudenay
135 Kerch
200 N

- 85 -

BURGUND

An die burgundischen Taubentürme gelangten wir durch zwei Veröffentlichungen. Die eine, « Les Colombiers Bourguignons » von Caroline Gross (21), erwähnt 18 und beschreibt 9 Taubenhäuser ; die zweite, « Nos vieux Colombiers Auxois » von Edmé Huchon (25), enthält eine Liste von 45 Taubenhäusern. Heute existieren nicht mehr alle diese Türme. Wir haben im Mai 1991 33 davon aufgesucht ; darunter waren die ältesten (aus dem 13. und 15. Jahrhundert) und die größten (mit 3000 und 3300 Nistzellen), die wir bisher in Frankreich angetroffen haben. Einige fanden wir nicht, andere konnten wir nicht besichtigen, da die Besitzungen verschlossen und unbewohnt waren.

In ihrer Gesamtheit machen die Taubentürme in Burgund einen einheitlichen Eindruck. Sie gehören oder gehörten fast alle zu Besitzungen des Adels oder der Klöster. Bis auf wenige Ausnahmen sind sie rund, die meisten über einem gewölbten Untergeschoß, das verschieden genutzt wird, in ganzer Höhe für die Tauben eingerichtet. Einige dienten gleichzeitig der Verteidigung, einige andere (kleinere) sind Treppentürme mit einem Taubenschlag. In allen Fällen ist das oberste Geschoß für die Tauben reserviert, und jedes der verschieden genutzten Geschosse hat einen eigenen Eingang.

C. Gross ordnet die burgundischen Taubenhäuser nach ihrer Bauweise und unterscheidet vier Typen :

1) Der Taubenschlag

mit 12 bis 200 Nistgelegenheiten, der im Hauskörper eingebaut ist, volière, fuie oder volet genannt. Er war im Prinzip jedem Nichtadligen erlaubt, der mindestens 50 arpents (etwa 20 ha) Ackerland besaß. C.G. zählt zu diesem Typ auch das Taubenhaus auf vier Pfeilern.

2) Der Treppenturm mit Taubenschlag.

Verbunden mit dem Wohnhaus, nie mit einem Wirtschaftsgebäude. Die steinerne Wendeltreppe

LA BOURGOGNE

Deux ouvrages nous ont fait découvrir les pigeonniers de Bourgogne : « Les Colombiers Bourguignons » de Caroline Gross (21), mentionne dix-huit pigeonniers dont elle décrit neuf dans le détail ; l'autre publication, « Nos vieux Colombiers Auxois » de Edmé Huchon (25), dresse une liste de 45 pigeonniers. Ils n'existent plus tous de nos jours. Nous avons pu en visiter 33 en mai 1991 : il y avait parmi eux les plus anciens (des XIIIe et XVe siècles) et les plus grands (3 000 et 3 300 nichoirs) que nous ayons jamais trouvés en France. Pour quelques-uns d'entre eux, nous n'avons pas réussi à les localiser, quant à certains autres, il ne nous a pas été possible de les visiter, les propriétés étant fermées et inhabitées.

Dans l'ensemble, les pigeonniers de cette région présentent des caractères uniformes. Ils appartiennent ou appartenaient à des domaines de la noblesse ou de monastères. A quelques exceptions près ils sont ronds, la plupart sont construits sur un rez-de-chaussée, voûté destiné à différents usages, et sont aménagés sur toute leur hauteur pour les pigeons. Quelques-uns servaient en même temps à la défense, et quelques autres, plus petits, sont des volières aménagées en haut d'une tour abritant un escalier à vis. Dans tous les cas, l'étage supérieur est réservé aux oiseaux, et chacun des niveaux à usage différent possède sa propre entrée.

C. Gross classe les pigeonniers bourguignons selon leur mode de construction et a distingué quatre types :

1) La volière (fuie, volet)

de 12 à 200 cases ou boulins, encastrés dans un corps de bâtiment. Elle était autorisée, en principe, à tout roturier possédant au moins 50 arpents de terres labourables (une vingtaine d'hectares). C.G. y comprend aussi la « volière à quatre piliers ».

2) Le colombier à escalier à vis.

Accolé à la maison d'habitation, jamais à un bâtiment d'exploitation. L'escalier à vis en

erschließt alle Geschosse des Gebäudes und endet am Dachboden. Vom letzten Treppenabsatz braucht man eine Leiter, um die Bodenklappe zum Taubenschlag zu erreichen, der die Spitze des Turmes einnimmt. C. Gross beschreibt drei Türme : einen quadratischen in Fontaines (Saône-et-Loire) mit 330 Nestern, einen runden in Chaudenay (Saône-et-Loire) mit 200 und einen sechseckigen in Serrigny (Côte-d'Or) mit der gleichen Anzahl Nester.

3) Der Festungsturm mit Taubenschlag.

Der Taubenschlag ist in einem der Verteidigungstürme der Burg untergebracht und ist somit Teil der Befestigungsanlagen ; er nimmt immer die oberste Etage ein. C. Gross erwähnt sechs Türme, von denen zwei, die von Saint-Trivier (Ain) und des Lehnsgutes von Ruffey (Côte-d'Or), mit ihren Schlössern verschwunden sind. Die anderen sind die « Taubenhaus-Türme » der Burgen in Rully (Saône-et-Loire) aus dem 15. Jh. (1 200 Nester), Corabeuf (Côte-d'Or) aus dem 16. Jh. (Anzahl der Nester unbekannt), Grignon (Côte-d'Or) aus dem 12. Jh. (2 250 Nester) und Rouvres-en-Plaine (Côte-d'Or) mit 693 Nistzellen. Wir konnten drei davon besichtigen, jedoch nur von außen.

4) Der alleinstehende Turm oder « Colombier en pied ».

Nach burgundischem Landrecht durfte einen Colombier à pied nur ein adliger Gerichtsherr besitzen.

Die meisten dieser Türme sind rund, einige quadratisch oder sechseckig. Man kann zwei Typen unterscheiden : den einen, ausschließlich von Nistzellen besetzten, und den anderen, häufigeren, der unterhalb des Taubenhauses ein Erd- oder Untergeschoß für andere Funktionen besitzt, wie z.B. der eines Hühner- oder Schweinestalls, einer Vorrats- oder Gerätekammer, usw. Äußerlich verrät sich der Unterschied durch das Vorhandensein von zwei Türen in verschiedener Höhe. Die Mehrzahl der Taubentürme ist mit einer Drehleiter ausgestattet, deren senkrechte Achse sich in einem Zapfenlager in der Mitte des gefliesten Bodens dreht, in einem Fall (Créancey) in der Mitte eines steinernen Futtertisches. Die Taubentürme enthalten zwischen 1800 und 3300 Nistzellen.

pierre, tournant autour d'un pilier central, dessert tous les étages du bâtiment, prenant fin au grenier. Du dernier palier, il faut employer une échelle pour atteindre la trappe ouvrant sur le colombier qui occupe le sommet de la tour. C. Gross en décrit trois : carré à Fontaines (Saône-et-Loire) avec 330 boulins, rond à Chaudenay (Saône-et-Loire), comptant 200 boulins et hexagonal à Serrigny (Côte-d'Or) de même capacité.

3) Le colombier tour de fortification.

Le colombier est aménagé dans l'une des tours de défense du château fort et fait donc partie de la fortification ; il occupe toujours l'étage supérieur. C. Gross en mentionne six, dont deux, ceux de Saint-Trivier (Ain) et de la Seigneurie de Ruffey (Côte-d'Or), ont disparu avec leurs châteaux. Les quatre autres sont les « tours du colombier » des châteaux de Rully (Saône-et-Loire) du XVe siècle (1 200 boulins), de Corabeuf (Côte-d'Or) du XVIe siècle (capacité inconnue), de Grignon (Côte-d'Or) du XIIe siècle (2 250 boulins) et de Rouvres-en-Plaine (Côte-d'Or) avec 693 boulins. Nous avons pu en visiter trois, mais seulement de l'extérieur.

4) Le colombier isolé ou colombier en pied.

Selon la coutume bourguignonne, le colombier à pied ne pouvait appartenir qu'à un seigneur haut justicier.

Plus souvent, ces tours sont rondes, quelques-unes sont carrées ou hexagonales. On peut distinguer deux types de colombier : celui dont les murs intérieurs sont entièrement occupés de boulins, et l'autre, plus répandu, comprenant l'étage du pigeonnier et un rez-de-chaussée ou soubassement qui remplit d'autres fonctions, telles que celles de poulailler, de porcherie, de garde-manger, de remise à outils, etc. De l'extérieur, cette différence se décèle par la présence de deux portes superposées. La plupart des colombiers sont munis d'une échelle tournante fixée à un axe vertical pivotant dans un coussinet scellé au centre du dallage et dans un cas (Créancey), au centre d'une table à grain de pierre. On trouve des colombiers de 1 800 à 3 300 boulins.

Dieser Ordnung füge ich einen weiteren Typ hinzu :

A ce classement j'ajoute un autre type de colombier :

5) Der Taubenturm als Teil eines Wirtschaftsgebäudes.

5) Le colombier élément d'un bâtiment agricole.

Er ist im allgemeinen quadratisch und bildet, mit verschiedenen landwirtschaftlichen Anbauten verbunden, ein typisches Ensemble.

Il est généralement carré, accolé à des bâtiments d'exploitation divers formant un ensemble typique.

Nachstehend eine Auswahl von Beispielen burgundischer Taubentürme in Skizzen :

Voici une sélection d'exemples de colombiers bourguignons en croquis :

1) La volière
Der Taubenschlag

2) Le colombier à escalier à vis
Der Treppenturm mit Taubenschlag

3) Le colombier tour de fortification
Der Festungsturm mit Taubenschlag

Taubenhaus auf 4 Pfeilern nicht mehr erhalten

T= tuiles plates
L= lauzes

(21) Serrigny
(ehem. Pfarrei 15.Jh.)
im obersten Geschoß 200N

(71) Chaudenay
13.Jh. im ob.
Geschoß 200N

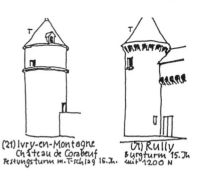

(21) Ivry-en-Montagne
Château de Corabeuf
Festungsturm m. T-schlag 16.Jh.

(71) Rully
Burgturm 15.Jh
mit 1200 N

4) Le colombier isolé ou colombier en pied
Der alleinstehende Taubenturm oder « Colombier en pied »

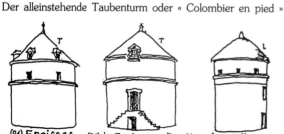

(21) Epoisses,
Colombier à pied
15.Jh., 3300N

(21) la Roche-en-Brenil
(1718)

(21) Vitteaux
ehem. Château

(21) Varrey-sur
-Salmeise
ehem. Château

(21) Villotte-
sur-Seine
1700 N

(21) Marcellois
Château

(21) Créancey
Château 3300N

(21) Barbirey-
sur-Ouche

(21) Baulme-(la-
Roche, anc. Prieuré

5) Le colombier élément d'un bâtiment agricole
Das Taubenhaus als Teil eines Stallgebäudes

(21) Marcigny s/s Thil
Domaine de Saulx

(21) Uncey-le-Franc

Hier folgt die Beschreibung einiger von uns besichtigten Taubentürme :

Voici maintenant la description de quelques pigeonniers que nous avons visités :

Serrigny, Treppenturm mit Taubenschlag.

Der sechseckige schlanke Turm gehört zu einem ehemaligen Pfarrhaus aus dem 15. Jahrhundert. Er ist der Treppenturm, der über eine steinerne Wendeltreppe den Zugang zu den oberen Geschossen ermöglicht. In der Spitze des 20 m hohen Turmes ist der Taubenschlag untergebracht, in den man mit Hilfe einer Leiter durch die Bodenklappe gelangt. Er enthält 200 Nester. Der jetzige Eigentümer hat das alte Haus und den Turm behutsam restauriert und zeigte uns gern auch das Innere des Taubenschlages.

Ivry-en-Montagne, Château de Corabeuf, Festungsturm mit Taubenschlag.

In der schönen Schloßanlage aus dem 16. Jahrhundert ist der Taubenturm zugleich einer der Ecktürme der Verteidigungsanlagen. Er ist rund, etwa 20 m hoch und ziemlich schlank. Das Erdgeschoß hat keine Verbindung mit dem Taubenhaus, dessen Eingang sich in etwa 5 m Höhe auf den Wehrgang hin öffnet. Das Innere konnten wir nicht besichtigen, da wir niemanden antrafen.

Ebenfalls ein Eckturm der Befestigung ist der Taubenturm von **Château de Rully** aus dem 15. Jahrhundert. Auch hier konnten wir, diesmal wegen Umbauarbeiten, das Innere nicht besichtigen. Der Schloßherr bestätigte aber, daß 1 200 Nester und die Drehleiter vorhanden seien.

Château de Créancey, colombier à pied.

Der Taubenturm ist mit seinen 3 300 Nistzellen einer der größten in Burgund. Er ist rund, hat zwei Gesimse zum Schutz gegen kletternde Raubtiere, ein mit Steinplatten gedecktes kuppelförmiges Dach mit einer Laterne. Die beiden Fluggauben durchschneiden die Traufkante und sitzen auf dem oberen Kranzgesims. Der Turm hat kein Untergeschoß, der Eingang ist ebenerdig. Das Bemerkenswerte an diesem Turm ist der große runde Futtertisch aus Stein in seiner Mitte.

Château de Villotte-sur-Seine.

Der Taubenturm steht, von außen nicht sichtbar, am Ende des Schloßparks. Er ist ein quadratischer Turm mit einem pyramidenförmigen, mit Flachziegeln gedeckten Dach mit

Serrigny, colombier à escalier à vis.

La fine tour hexagonale appartient à un ancien presbytère du XVe siècle. C'est la tour, haute de 20 m, qui, par un escalier de pierre en colimaçon, permet l'accès aux étages supérieurs. La volière se trouve à son sommet, et on y pénètre grâce à une échelle, par une trappe dans le plancher. L'actuel propriétaire a consciencieusement restauré la vieille maison et la tour, et nous a volontiers autorisé à jeter un coup d'œil dans le pigeonnier.

Ivry-en-Montagne, Château de Corabeuf, colombier tour de fortification.

Dans ce bel ensemble datant du XVIe, c'est l'une des tours d'angle des remparts qui fait en même temps office de colombier. Elle est ronde, d'une hauteur d'environ 20 m et assez élancée. Il n'y a pas de communication entre le rez-de-chaussée et le pigeonnier proprement dit, qui s'ouvre à une hauteur de quelque 5 mètres sur le chemin de ronde. Nous n'avons pu visiter l'intérieur, n'ayant rencontré personne.

Le colombier du **Château de Rully** (XVe siècle) constitue également une des tours d'angle de ses fortifications. Là encore, à cause de travaux cette fois, nous ne pûmes y pénétrer. Mais le châtelain nous confirma la présence de 1 200 nids et d'une échelle tournante.

Château de Créancey, colombier à pied.

Ce colombier avec ses 3 300 nichoirs, est un des plus grands de Bourgogne. Il est circulaire, présente deux corniches contre les prédateurs et un toit en coupole couvert de lauzes, couronné d'un lanternon. Les deux lucarnes d'envol coupent le bord du toit et s'appuient sur la corniche supérieure. Il n'a pas de soubassement, l'entrée est au niveau du sol. L'une des particularités de ce colombier est la grande table ronde de pierre, pour nourrir les pigeons, qui en occupe le centre.

Château de Villotte-sur-Seine.

Le colombier se dresse, invisible de l'extérieur, tout au fond du parc. C'est une tour carrée avec un toit pyramidal couvert de tuiles plates, coiffé d'un lanternon. Le rez-de-chaussée, ouvert par

Laterne. Das Erdgeschoß, durch Bögen geöffnet, wird als Remise genutzt. Das Taubengeschoß ist über eine Aussentreppe an der Nordseite zu erreichen. Es enthält 1700 Nester und die Drehleiter.

Château de la Roche-en-Brenil.

Das Schloß gehört zu den schönsten in Burgund. Es liegt, von einem breiten Wassergraben umgeben, inmitten eines gepflegten Parkes, an den Pferdekoppeln grenzen. Der große runde Taubenturm steht dem Schloß gegenüber. Der Eingang ist über eine zweiläufige Außentreppe zu erreichen, unter der sich der Zugang zum Kellergeschoß befindet. Das kegelförmige Dach ist mit Flachziegeln gedeckt und mit einer Blechspitze mit Taubenskulptur abgeschlossen. Die schön gestaltete Fluggaube ist in das Dachgesims eingeschnitten und enthält im Giebel die Inschrift : « 1718 fait P.M. » Der Turm ist nicht zugänglich, enthält aber Nester und Drehleiter und ist noch von einigen Tauben besetzt (Abb. S. 91-92).

Die Burg Epoisses.

Es ist ein besonderes Vergnügen, diesen Taubenturm aufzusuchen, denn er steht noch in seiner alten geschichtsträchtigen Umgebung, ist tadellos erhalten und frei zu besichtigen. Er wurde im 15. Jahrhundert erbaut und gehört zu einer im Mittelalter strategisch wichtigen Burg der Herzöge von Burgund (siehe Plan S. 92). Er ist ein runder verputzter Turm mit einem Kranzgesims und einem mit Flachziegeln gedeckten Kegeldach, das nach Süden und Osten mit drei Fluggauben besetzt ist. Darunter, aber über dem Gesims, befinden sich drei weitere Flugfenster. Das Taubenhaus ist über einem gewölbten Untergeschoß errichtet und über eine Außentreppe an der Nordseite zugängig. Es enthält acht mal vier Reihen, insgesamt 3 300 Nistzellen und die Drehleiter, jedoch keine Tauben (Abb. S. 92).

Baulme-la-Roche.

Die ehemalige Priorei ist eine hervorragend restaurierte und gepflegte Anlage in Privatbesitz, nicht öffentlich zugänglich, jedoch von der Dorfstaße aus gut einzusehen. Der Taubenturm vom üblichen runden Typ steht im Vorhof, dem Manoir gegenüber (Abb. S. 91).

des arcades, est utilisé comme remise. On accède au niveau du pigeonnier par un escalier extérieur situé sur la façade nord. Il contient 1 700 nids et une échelle tournante.

Château de la Roche-en-Brenil.

Ce château fait partie des plus beaux de Bourgogne. Ceinturé d'un large fossé rempli d'eau, il se trouve au milieu d'un parc bien entretenu, entouré des prairies où courent les chevaux. Le grand colombier rond fait face au château. L'entrée s'ouvre en haut d'un escalier double sous lequel se situe l'accès à la cave. Le toit conique est couvert de tuiles plates, terminé par une pointe métallique représentant un pigeon. L'élégante lucarne d'envol coupe le rebord du toit et porte sur son fronton l'inscription « 1718 fait P.M. » On ne peut avoir accès au colombier, mais il contient des nids et une échelle tournante. Il est toujours occupé par quelques pigeons (ill. p. 91-92).

Château d'Epoisses.

C'est un réel plaisir d'aller visiter ce colombier, tant il est impeccablement conservé, dans son environnement original si chargé d'histoire. La visite est libre. Il a été édifié au XVe siècle et fait partie d'une forteresse stratégiquement importante pour les Ducs de Bourgogne (plan p. 92). Il s'agit d'un colombier rond aux murs crépis, orné d'une corniche, au toit conique couvert de tuiles plates et percé de trois lucarnes d'envol orientées au sud et à l'est. En dessous, mais au-dessus de la corniche, s'ouvrent trois fenêtres d'envol de plus. Le pigeonnier est construit sur un soubassement voûté. On y accède au nord, par un escalier extérieur. Il contient quatre fois huit rangées de nichoirs, soit un total de 3 300, et une échelle tournante. Mais on n'y trouve plus de pigeons (ill. p. 92).

Baulme-la-Roche.

L'ancien prieuré est maintenant propriété privée, restauré et entretenu de manière remarquable, malheureusement inaccessible au public, mais néanmoins bien visible de la route. Le colombier, du type circulaire habituel, se dresse dans la cour d'entrée, face au manoir (ill. p. 91).

△ Baulme-la-Roche (Côte-d'Or) : Ancienne Abbaye – Ehemalige Abtei

▽ La Roche-en-Brenil (Côte-d'Or) : Château et Colombier – Schloß und Taubenturm

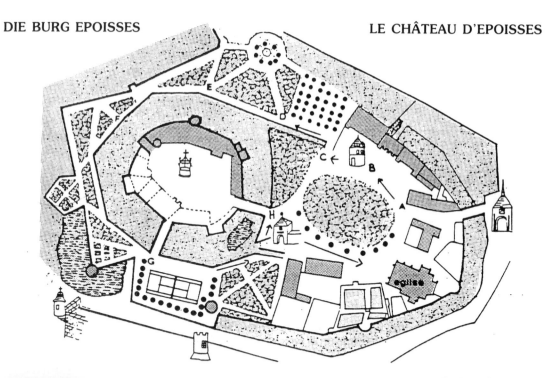

B : Le colombier
B : Der Taubenturm

△
◁ Château d'Epoisses
(Côte-d'Or)

La Roche-en-Brenil ▽
(Côte-d'Or)
Détail d'une lucarne
Die Fluggaube

LA NORMANDIE

la. Mailleraye
(76) Seine-Marit.

Héricourt-en-Caux
petit Veaudeville

Brémontier
Dom. de Merval

Varengeville
Manoir d'Ango

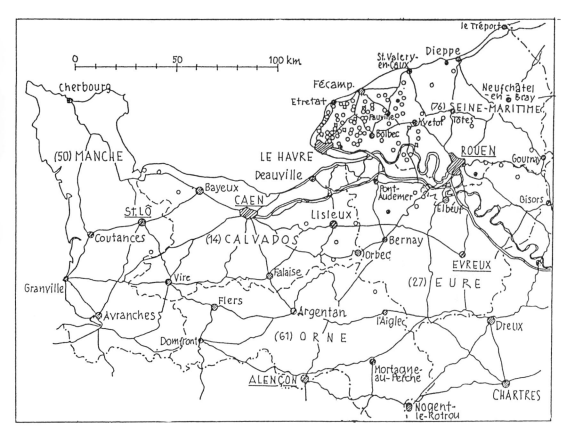

Château d'Orcher
(76) Seine-Maritime

Aquainville
(14) Calvados

Ch. de Launay
(27) Eure

Bourgthéroulde
(27) Eure

Boos (76) S-M
Couvent des Dames
de St. Amand

les Hogues (27)
ste. Honorine

DIE NORMANDIE

Im Norden Frankreichs hielten sich die großen Besitzungen des Adels und der Klöster, und damit verbunden auch ihre Privilegien, zu denen unter anderem die Taubenhaltung gehörte, bis zur französischen Revolution. Es überrascht daher nicht, daß hier kaum bürgerliche oder bäuerliche Taubenhäuser zu finden sind. In der überwiegenden Mehrzahl sind es große einzelstehende Türme, sichtbare Zeichen des Adels und des Reichtums ihrer Besitzer, die mit besonderer Sorgfalt errichtet sind.

Die Normandie ist administrativ in zwei Regionen unterteilt : In die Haute Normandie, die die Departements Seine-Maritime und Eure umfaßt, und die Basse Normandie mit den Departements Calvados, Manche und Orne. Die beiden Regionen sind geologisch und landschaftlich verschieden.

Die Haute Normandie, die östliche Region, ist ein mit einer quarzhaltigen Tonschicht bedeckter Kreidesockel, durchzogen von den Schlangenwindungen der Seine und ihren Nebenflüssen. Während heute in der Landwirtschaft die Weidewirtschaft die Hauptrolle spielt, war das Land früher vorwiegend Getreideanbaugebiet. Die dichteste Konzentration von Taubentürmen befindet sich im Pays de Caux, dem westlichen Teil des Departements Seine-Maritime, zwischen Le Havre, Rouen und Dieppe.

Im Südwesten der Basse Normandie vollzieht sich der Übergang von den Kalkablagerungen zum Gebiet des Schiefers und des Granits, das sich westlich bis in die Bretagne fortsetzt. Hier sind die Taubentürme weniger häufig.

In ihrer Gesamtheit gesehen sind die Taubentürme der Normandie die schönsten in Frankreich. Sie sind durchweg große runde einzelstehende Türme, sogenannte Colombiers à pied, d.h. nur für Taubenzucht genutzte Häuser. Ihre Architektur entspricht meist der des Herrenhauses. Oft hat die Kriegs- und Revolutionswirren zwar der Taubenturm, nicht aber das Schloß überlebt, sodaß er oft der älteste, manchmal der einzige Zeuge einstigen Reichtums ist.

LA NORMANDIE

C'est dans le nord de la France que se conservaient jusqu'à la Révolution les plus grands domaines de la noblesse et des monastères et, parmi leurs privilèges, le droit de colombier. Il n'est donc pas étonnant de ne trouver dans cette région que peu de pigeonniers paysans ou bourgeois. Dans leur majorité, ce sont de grandes tours indépendantes, signes patents de la richesse et de la noblesse de leurs propriétaires, édifiées avec un soin particulier.

Non seulement la Normandie est administrativement divisée en deux régions, la Haute-Normandie (départements de l'Eure et de la Seine-Maritime) et la Basse-Normandie (Manche, Orne, Calvados), mais ces deux régions sont également différentes du point de vue de la géologie et du relief.

La Haute-Normandie, à l'est, est constituée d'un socle de craie recouvert d'une couche d'argile à silex, traversée par les méandres de la Seine et de ses affluents. Si de nos jours c'est l'élevage en pâture qui prédomine, c'était autrefois une région essentiellement céréalière. La plus forte concentration de pigeonniers se trouve dans le Pays de Caux, la partie occidentale du département de la Seine-Maritime entre Le Havre, Rouen et Dieppe.

Dans le sud-ouest de la Basse-Normandie, on passe des sédiments calcaires aux régions de schiste et de granit qui se prolongent vers l'ouest par la Bretagne. Là, les pigeonniers sont moins nombreux.

Pris dans leur ensemble, les pigeonniers de Normandie sont les plus beaux de France. Ce sont généralement de hautes tours rondes indépendantes que l'on appelle colombiers à pied, c'est-à-dire des bâtiments consacrés uniquement à l'élevage des pigeons. Leur architecture correspond la plupart du temps à celle de la demeure des maîtres. Souvent le colombier a, contrairement au château lui-même, survécu aux vicissitudes de la Révolution et des guerres, si bien qu'il constitue le vestige le plus ancien, sinon unique, de la splendeur passée.

Acht- oder sechseckige Türme sind in ihrer Funktion den runden gleichzusetzen. Sie enthalten 1 000 bis 2 000 Nistzellen, die von Leitern an einem Drehgestell aus kontrolliert und gepflegt werden können. Sie haben ein spitzes Dach, das manchmal eine Laterne, häufiger eine oder zwei Gauben trägt. Quadratische oder rechteckige Türme sind selten. Die meisten noch vorhandenen Türme werden als historische Wahrzeichen gepflegt, einige sind umgebaut zu Gäste- oder Ferienhäusern. Manch ein Besitzer seufzt über die Kosten, die eine Restauration verursacht : « Le colombier, c'est un luxe ! Mais on ne peut pas le laisser tomber en ruines. » Wir hatten keine Schwierigkeiten, die Taubentürme zu besichtigen und erhielten immer freundliche Auskunft.

Für den westlichen Teil des Departements Seine-Maritime, den « Bec de Caux », wie die Landschaft zwischen Le Havre, Lillebonne und Fécamp auch genannt wird, hat Christine d'Aboville eine Typologie aufgrund der im Mauerwerk verwendeten Materialien versucht (1). Dieser Versuch ist interessant, da sie die Bauten, soweit möglich, auch zeitlich einordnet. Es lohnt sich, darauf näher einzugehen.

Die für die Fassadengestaltung benutzten Materialien sind :
– helle und dunkle Kiesel bzw. Feuersteine (silex),
– weißer oder hellgrauer Kalksandstein,
– Ziegel.

Es sind die örtlich vorkommenden Materialien ; Holz fehlt. Die Typenordnung sieht folgendermaßen aus :

Typ A aus behauenem Kalksandstein ist im Bec de Caux selten. Es existieren zwei runde, ein sechseckiger, ein quadratischer Taubenturm. Der quadratische, ein Colombier à pied (ohne Dach) des Manoir de Mentheville stammt mit Sicherheit aus dem 16. Jahrhundert, der runde von le Goupil in Manneville-la-Goupil, ein bifunktionaler Taubenturm, wahrscheinlich ebenfalls. Die beiden anderen konnten nicht datiert werden.

Typ B aus schwarzem Silex und weißem Kalksandstein.
Dieser Typ kommt achtmal vor. Die Taubentürme liegen im Halbkreis um Le Havre und

Les pigeonniers hexagonaux ou octogonaux sont, quant à la fonction, identiques aux tours circulaires. Ils contiennent de 1 000 à 2 000 nichoirs que l'on peut contrôler et entretenir grâce à des échelles fixées à des potences tournantes. Ils ont un toit pointu, coiffé parfois d'un lanternon et présentent fréquemment une ou deux lucarnes d'envol. Les pigeonniers carrés ou rectangulaires sont rares. La majorité des colombiers encore existants sont protégés en tant que symbole historique ; quelques-uns ont été transformés en auberge ou en maison de vacances. Plus d'un propriétaire déplore les frais de la restauration : « Le colombier, c'est un luxe. Mais on ne peut pas le laisser tomber en ruine. » Nous n'avons jamais eu de difficultés pour visiter un pigeonnier, et on nous a toujours renseigné amicalement.

Pour la partie la plus occidentale de la Seine-Maritime, le « Bec de Caux », comme on appelle le triangle situé entre Le Havre, Lillebonne et Fécamp, Christine d'Aboville a tenté de dresser une typologie fondée sur les matériaux employés pour la maçonnerie (1) : cette typologie est intéressante, car elle permet de classer chronologiquement les constructions, et elle mérite qu'on s'y arrête.

Les matériaux employés pour l'habillage des façades sont :
– les galets ou silex clairs et foncés,
– la pierre calcaire blanche ou gris-clair,
– les briques.

Il s'agit des matériaux disponibles sur place ; le bois manque. La classification des différents types est la suivante :

Type A de pierre calcaire taillée. Ce genre de construction est rare dans le Bec de Caux. Il en existe deux pigeonniers ronds, un carré et un hexagonal. Le bâtiment carré, un colombier à pied – sans toit – du Manoir de Mentheville date avec certitude du XVIe siècle. Le colombier circulaire du Goupil à Manneville-la-Goupil, un pigeonnier à deux fonctions, remonte vraisemblablement à la même époque. Les deux autres bâtiments n'ont pas pu être datés.

Type B de silex noir et calcaire blanc.

On en recense huit exemplaires. Les pigeonniers sont situés dans un demi-cercle autour du

stammen aus dem 16. und der ersten Hälfte des 17. Jahrhunderts. Zwei sind achteckig, die übrigen rund.

Typ C aus Ziegelmauerwerk, Haustein und Silex.

Im 17. Jahrhundert wird der Silex nach und nach durch den Ziegelstein ersetzt. Zu diesem Typ zählt Madame d'Aboville neun Colombiers, vier achteckige, fünf runde.

Typ D aus Ziegelmauerwerk und Haustein ist sehr häufig, jedoch nicht auf den Bec de Caux beschränkt. Der Haustein wird hierbei konstruktiv verwendet, als Sockel, für Gesimse, Ecken, Aussteifungen und Gewände. Dieser Typ tritt im 17. und 18. Jahrhundert auf. Es werden achtzehn Beispiele aufgeführt, darunter ein achteckiger und zwei quadratische.

Typ E ganz aus hellem Silex war ursprünglich sicherlich verputzt.

Typ F aus hellem Silex und Haustein.

Für die Typen E und F zählt Madame d'Aboville elf Beispiele auf, die aus dem 16. und 17. Jahrhundert stammen, darunter sind zwei sechseckige und ein quadratischer Taubenturm.

Typ G aus hellem Silex und Ziegelsteinen oder Ziegel- und Hausteinen.

Von diesem Typ bestehen 22 Taubentürme, davon sind elf achteckig, einer sechseckig, sechs quadratisch.

Aus dieser Untersuchung geht hervor, daß der helle Silex, die blonden Kieselknollen, die in der Kreide reichlich vorkommen, im Pays de Caux das billigste und meist verwendete Baumaterial war, und daß mit der Zeit immer feineres Baumaterial verwandt wurde. Schaut man sich die bäuerlichen Bauwerke an, so stellt man fest, daß die überwiegende Mehrzahl der älteren Bauten (etwa bis 1900) aus hellem Silex und Ziegeln erbaut ist. Die Kiesel werden gespalten und mit der glatten Spaltfläche nach außen vermauert. Das ergibt eine Oberfläche, die wetterbeständig ist und nicht verputzt werden muß. Der Ziegelstein, das teurere Material, wird konstruktiv verwandt, wie bei den feineren Bauten der behauene Stein. Schwarze Silexknollen sind seltener, werden daher vorwiegend dekorativ verwandt.

Havre et datent du XVIe et de la première moitié du XVIIe siècle. Deux sont octogonaux, les autres sont ronds.

Type C de briques, pierre de taille et silex.

Au XVIIe, le silex est peu à peu remplacé par la brique. Madame d'Aboville range neuf colombiers dans ce type, quatre octogonaux et cinq ronds.

Type D de briques et de pierre de taille.

Ce type est très fréquent, mais non restreint au Bec de Caux. La pierre de taille est utilisée comme élément de construction pour le soubassement, les corniches, les angles, les renforcements et les jambages. Ce genre de construction apparaît au XVIIe et XVIIIe siècle. L'ouvrage en mentionne dix-huit, dont un octogonal et deux carrés.

Type E tout en silex clair.

A l'origine certainement recouvert d'un enduit.

Type F en silex clair et pierre de taille.

Madame d'Aboville dénombre onze exemples des types E et F, datant des XVIe et XVIIe siècles ; parmi eux six bâtiments hexagonaux et un carré.

Type G de silex clair et de brique ou de brique et de pierre de taille.

Relèvent de ce type 21 colombiers, dont un hexagonal, six carrés et onze octogonaux.

Il ressort de cette étude que le silex clair et les galets blonds, que l'on trouve à profusion dans la roche crayeuse, étaient les matériaux les moins onéreux et donc les plus utilisés dans le Pays de Caux, et que l'on employait de plus en plus des matériaux plus beaux. Si l'on examine les constructions paysannes, on s'aperçoit que la majeure partie des bâtiments les plus anciens (disons jusqu'à 1900) sont fait de silex et de brique. Les galets sont éclatés et maçonnés, la section lisse vers l'extérieur. Cela donne une façade qui résiste aux intempéries et n'a pas besoin d'être enduite. La brique, matériau plus cher, est utilisée comme élément de construction, comme la pierre de taille pour les bâtiments les plus nobles. Les silex noirs sont plus rares, c'est pourquoi on les emploie surtout comme élément de décoration.

Die Dichte der herrschaftlichen Taubentürme im Bec de Caux läßt darauf schließen, daß hier der Boden fruchtbarer und die Besitzungen kleiner sind als im östlichen Teil des Landes. Im Bec de Caux hat fast jeder Ort einen, manchmal sogar zwei Taubentürme. Nach Osten zu und im Departement Eure sind sie weniger dicht gesät. Dort aber stehen einige der schönsten Taubenhäuser Frankreichs, die ich nun etwas ausführlicher beschreiben will.

Während die Taubenhaltung im allgemeinen ein wichtiger Zweig der Landwirtschaft war, wurde der bekannteste Taubenturm, der vielen als der schönste in Frankreich gilt, für die Seefahrt gebaut. Er steht im Hof des Manoir d'Ango bei Varengeville-sur-Mer westlich Dieppe und wurde 1540 von Jehan Ango II (1480-1551), einem steinreichen Reeder, für seine Brieftauben erbaut (Abb. siehe Buchdeckel). Sein Reichtum gründete sich auf den Seehandel, für den er eine für damalige Verhältnisse riesige Flotte unterhielt. Als Portugiesen Schiffe von ihm aufbrachten, rüstete er eine Strafexpedition gegen sie aus und blockierte den Hafen von Lissabon so lange, bis der König von Portugal ihm die geforderte Entschädigung zahlte. Ango brachte auch das Lösegeld für die Kinder Franz I auf, die vom Kaiser Karl V in Madrid als Geiseln festgehalten wurden, womit er sich den König verpflichtete, der ihn zum Vicomte erhob, zum Gouverneur von Dieppe und zum Marineberater der Krone ernannte. Für den bevorstehenden Besuch des Königs ließ er dieses Schloß von italienischen Baumeistern erbauen. Der König stattete ihm 1544 den erwarteten Besuch ab, nicht nur aus Dankbarkeit für die Auslösung seiner Kinder, sondern auch, um sich von Ango dessen Flotte für militärische Zwecke auszuleihen.

De la multiplicité des colombiers dans le Bec de Caux, on peut conclure que le sol y était plus riche et les propriétés plus petites que dans la partie située à l'est. Presque chaque localité du Bec de Caux possède un colombier, parfois même plusieurs. Plus à l'est et dans le département de l'Eure, leur répartition est beaucoup moins dense. Mais c'est là que l'on rencontre quelques-uns des plus beaux colombiers de France que je vais maintenant décrire plus en détail.

Alors que d'une manière générale l'élevage des pigeons constituait un aspect important de la vie agricole, le colombier le plus célèbre, que beaucoup tiennent pour le plus admirable de France, a été construit pour la marine. Il s'élève dans la cour du Manoir d'Ango, près de Varengeville-sur-Mer, à l'ouest de Dieppe, et il a été édifié en 1540 par Jehan Ango II (1480-1551), un armateur extrêmement riche, pour ses pigeons voyageurs (ill. couverture). Il devait sa fortune au commerce maritime et entretenait à cet effet une flotte gigantesque pour l'époque. Lorsque des Portugais capturèrent quelques-uns de ses vaisseaux, il organisa contre eux une expédition punitive et assiégea le port de Lisbonne jusqu'à ce que le roi du Portugal lui eût payé le dédommagement qu'il avait exigé. Ango réunit aussi la rançon pour les enfants de François Ier, retenus en otage à Madrid par Charles Quint ; le Roi, désormais son obligé, l'éleva à la dignité de vicomte, et le nomma gouverneur de Dieppe et Conseiller de la Couronne pour les affaires maritimes. En vue de la visite du Roi, il fit construire son château par des architectes italiens. Le souverain lui rendit en 1544 la visite tant attendue, non seulement par gratitude envers le libérateur de ses enfants, mais également pour lui emprunter sa flotte à des fins militaires.

Manoir d'Ango

Varengeville
(Seine-Maritime)

Das Schloß, dessen feingliedrige Renaissancearchitektur man noch am Torbau und einem Flügel bewundern kann, wurde in der französischen Revolution teilweise zerstört, später zu einem großen Bauernhof umgebaut. Ursprünglich war der Hof, in dessen Mitte der gewaltige Taubenturm steht, nach der Meerseite zu offen, man konnte vom Schloß aus das Meer sehen. Schon am Tage vorher, ehe seine Handelsschiffe eintrafen, brachten die Tauben dem fürstlichen Händler Botschaften über die Ladung, sodaß er darüber schon im voraus disponieren konnte.

Dieser Turm, die Nachrichtenzentrale des Unternehmens, ist ein wahrer Palast für Tauben. Auf einem Sockel aus hellgrauem Marmor, der auch den Eingang umrahmt, baut sich der runde Turm, der mehr als 3 000 Tauben beherbergt haben soll, in buntem Ziegelmauerwerk auf. In halber Höhe hat er ein auskragendes Gesims aus dem gleichen hellgrauen Stein wie der Sockel. Die obersten zwanzig Ziegelschichten bilden zwei Stufen reichgestalteter auskragender Gesimse, über die sich ein mächtiges Kuppeldach « à l'impériale » wölbt. Die Spitze endet in einem etwa zwei Meter hohen Eisenstab, auf den ein reich geformtes keramisches Gebilde aufgefädelt ist, das jedoch einige seiner Teile verloren hat, wie man beim Vergleich mit älteren Fotos feststellen kann. Das Dach ist von drei Fluggauben durchbrochen und mit roten Flachziegeln gedeckt, früher waren es buntglasierte. Der Turmzylinder zwischen Sockel und Dachgesims ist in sieben ungleich hohe Zonen verschiedener Verzierungen aufgeteilt, deren Muster aus roten und dunkelvioletten Ziegeln, weißem, grauem und fast schwarzem Kalkstein und gespaltenen Kieseln besteht. Wohl den Touristen zuliebe ist der Turm auch heute noch mit einigen Tauben besetzt.

Ein ebenso schöner, wenn auch in seinen Maßen bescheidenerer Taubenturm steht im Gelände eines ehemaligen Klosters, dem fast ganz verschwundenen Couvent des Dames de St. Amand in Boos südöstlich Rouen (Abb. S. 108/109). Er stammt aus dem Jahr 1520, ein achteckiger Turm aus Ziegelmauerwerk. Sockel, Kanten, Kranzgesims in halber Höhe und die fünfstufige Auskragung, die den Übergang aus dem Achteck zum Kreis des Daches bildet, sind aus weißem Kalkstein. Die unteren Wandflächen

Le château, dont on peut encore admirer la fine architecture Renaissance au portail et dans une aile, fut en partie détruit sous la Révolution, puis transformé en une grande ferme. A l'origine, la cour où se dresse l'imposant colombier était ouverte du côté de la mer, si bien que l'on voyait l'océan depuis le château. Une journée avant l'arrivée de ses navires, les pigeons de l'armateur des Princes lui apportaient des indications sur leur cargaison, et il pouvait ainsi en disposer à l'avance.

Ce colombier, véritable centre de renseignements de l'entreprise, est un vrai palais pour les pigeons. Sur un socle de marbre gris clair, qui encadre également l'entrée, s'élève la tour ronde faite de briques multicolores. Elle abritait, dit-on, plus de 3 000 pigeons. A mi-hauteur, une corniche en saillie est de la même pierre que le socle. Les vingt rangées de briques supérieures forment deux étages de rebords également en saillie et richement ornés, au-dessus desquels s'arrondit un magnifique toit en coupole « à l'impériale ». Le sommet se termine par une pointe métallique d'environ deux mètres de haut qui supporte une sculpture en céramique de forme recherchée. En comparant toutefois avec d'anciennes vues, on constate que cette décoration a perdu plusieurs de ses éléments. Le toit est percé de trois lucarnes d'envol et couvert de tuiles plates. Celles-ci sont rouges, mais elles étaient auparavant émaillées et de couleurs variées. Le cylindre du bâtiment, entre le socle et le rebord du toit, est divisé en sept bandes de hauteurs diverses, chacune décorée de façon différente par des motifs de briques rouges ou violet foncé, de pierre calcaire blanche, grise ou presque noire, et de galets éclatés. C'est sans doute à l'intention des touristes que le colombier est occupé aujourd'hui encore par des pigeons...

Un colombier tout aussi beau (ill. p. 108-109), bien que de dimensions plus modestes, se dresse sur le domaine d'un ancien monastère dont il ne reste quasiment plus rien, le Couvent des Dames de St. Amand à Boos, au sud-est de Rouen. Cette tour de briques octogonale date de 1520. Le socle, les angles, le larmier à mi-hauteur et l'encorbellement à cinq étages, qui assure la transition entre l'octogone et le cercle du toit, sont en pierre calcaire blanche. Les parties inférieures des murs sont décorées de

Boos (76) Seine-Maritime
Couvent des Dames de St. Amand

sind in Schachbrett- oder Rautenmuster verziert, die oberen zeigen eine kunstvolle Gliederung im Relief wie zwei Reihen Kirchenfenster übereinander mit Rundbögen und Maßwerk. Die « Fensterflächen » darin sind mit reichen Mosaik- und Flechtmustern in farbiger Keramik ausgelegt, die an maurische Vorbilder erinnern. Sie werden Naciot Abaquesne zugeschrieben. Zwischen den beiden « Fenster »-reihen ein Band verzierter Kacheln. Der Turm trägt ein kegelförmiges rotes Ziegeldach mit einer Fluggaube. Im Innern sind Drehleiter und Nisthöhlen erhalten.

Noch ein drittes sehr schönes Taubenhaus möchte ich beschreiben. Es gehört zum Fief du Hanouard im Pays de Caux (Abb. S. 108/109). Wir fanden es durch Zufall, weil wir einen stillen Ort zum Picknicken suchten und vom Durdenttal abwichen. Wir waren entzückt von der architektonischen Schönheit von Manoir und Taubenturm und der landschaftlichen Schönheit des einfachen, aber gepflegten Besitzes. Auf der sanft geneigten Wiese weideten Kühe, aber weit und breit war kein Mensch zu sehen. Obwohl wir deshalb nichts über seine Geschichte erfahren konnten, erwähnte ich den Taubenturm in meinem Manuskript. Bei unserem letzten Besuch trafen wir die Eigentümer an. Sie freuten sich über unser Interesse und gaben uns nicht nur alle Auskünfte, die wir benötigten, sondern

de motifs en damier ou en losange ; les parties supérieures présentent des structures en relief agencées avec grand art, comme deux rangées de « vitraux » superposées avec leurs arcs et leurs réseaux. Les parties « vitrées » sont imitées de motifs de mosaïque ou de tresses, réalisés en céramique de couleur, qui rappellent les modèles mauresques. Ces décorations sont attribuées à Naciot Albaquesne. Entre les deux rangées de « fenêtres » court une bande de carreaux ornementés. Le colombier est coiffé d'un toit conique de tuiles rouges, avec une lucarne d'envol. A l'intérieur, l'échelle tournante et les nichoirs ont été conservés.

Je voudrais décrire encore un troisième colombier très remarquable. Il appartient au Fief du Hanouard dans le Pays de Caux (ill. p. 108/109). Nous l'avons trouvé par hasard en cherchant une halte de pique-nique au-delà de la vallée de la Durdent. L'ensemble architectural formé par le manoir et son colombier, la beauté du paysage entourant la propriété, modeste mais bien entretenue nous ont enchantés. Des vaches paissaient dans le pré légèrement en pente, mais nous ne vîmes aucun signe de présence humaine. Bien que n'ayant pu, pour cette raison, obtenir aucun renseignement sur son histoire, je mentionnai le colombier dans mon manuscrit. A notre dernière visite, nous avons rencontré les propriétaires, très heureux de notre intérêt qui ne se contentèrent pas de

führten uns auch durch die in alter Tradition, aber mit modernem Komfort ausgestatteten Räume ihres wahrhaft herrschaftlichen Manoirs.

Fief wird der Besitz eines Lehnsherren des niederen Adels genannt. Le Hanouard ist im 11. Jahrhundert wahrscheinlich von Jean de Grainville, einem Ritter des ersten Kreuzzuges, begründet worden. Von ursprünglich zwei achteckigen Türmen ist einer, der Colombier à pied, erhalten. Er wurde 1450 erbaut und ist der älteste im Departement. Xavier de Brem, der heutige Besitzer, restaurierte ihn 1962. Zwei der Fassaden mit ihren Verzierungen waren erhalten, die übrigen wurden in der gleichen Art ergänzt. Die Verzierung mit den skulptierten weißen Sandsteinen ist sehr selten, wenn nicht sogar in dieser Form einzigartig. Die einfachen Motive, Raute, Kreis, Kleeblatt, Stern usw. sind als Flachrelief ausgespart. Die heute schwarz grundierten Vertiefungen waren ursprünglich mit dunklem Schiefer ausgelegt. Der Taubenturm enthielt 1 280 Nester und eine Drehleiter. Beides ist nicht mehr vorhanden.

nous donner toutes les informations que nous souhaitions, mais aussi nous firent les honneurs de leur manoir réellement seigneurial, où tradition et confort moderne sont associés.

Fief désigne le domaine d'un seigneur de la basse noblesse. Le Hanouard a vraisemblablement été fondé au XIe siècle par Jean de Grainville, un chevalier de la Première Croisade. Des deux tours octogonales d'origine, une seule, le colombier à pied, est demeurée. Il date de 1450, c'est le plus ancien du département. Xavier de Brem, l'actuel propriétaire, l'a restauré en 1962. Deux des façades avaient été conservées avec leurs ornementations, les autres furent complétées dans le même style. La décoration de grès blanc sculpté est très rare, sinon unique sous cette forme. Les motifs simples, comme losanges, cercles, trèfles, étoiles, etc. sont creusés en bas-relief. Le fond des figures, aujourd'hui peint en noir, était autrefois habillé d'ardoise foncée. Le colombier contenait 1 280 nids et une échelle tournante, dont plus rien n'existe.

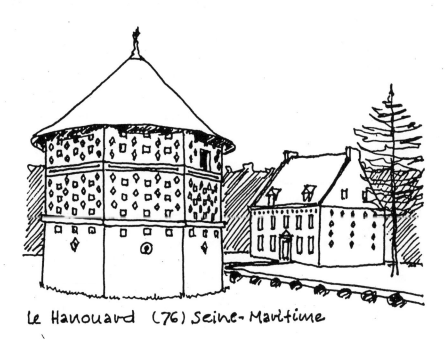

Le Hanouard (76) Seine-Maritime

Auch im Departement Eure, östlich und südlich Rouen, finden wir noch die gleiche Architektur und eine fantasievolle Fassadengestaltung, wofür als Beispiel der Taubenturm in Épreville-en-Roumois gelten soll (Abb. S. 107), der leider langsam verfällt.

Dans le département de l'Eure, à l'est et au sud de Rouen, on retrouve aussi la même architecture et beaucoup d'imagination dans la décoration des façades ; un bon exemple en est le colombier d'Épreville-en-Roumois, qui, hélas, se délabre petit à petit (ill. p. 107).

Beim Manoir de Mailleraye stießen wir auf ein interessantes Exemplar, einen schlanken achteckigen Ziegelturm mit erneuertem Dach und gotischem Türgewände. Er steht, übrigens leicht schief, auf einer Insel in einem Teich. Die Inneneinrichtung mit 1 000 im Mauerwerk ausgesparten Nisthöhlen und der Drehleiter ist erhalten.

Der freundliche Besitzer war sehr stolz auf seinen Taubenturm, den er nach der Beschädigung durch den Krieg wiederhergestellt hat. Er erzählte von der deutschen Besetzung, von der Verwüstung des schönen Fachwerkhauses, in dem er jetzt wohnt, von der heruntergeschossenen Taube auf der Spitze des Turmes. « C'est la guerre », sagte er mit entschuldigendem Lächeln zu uns Deutschen und drückte uns freundschaftlich die Hand. Eine sympathische Begegnung !

Ein Beispiel, wie ein Taubenturm, der nicht mehr den Tauben dient, heute benutzt werden kann, fanden wir beim Château de Boscol bei Héricourt-en-Caux. Wir fuhren in eine Allee majestätischer Buchen ein, wie sie in der Normandie so oft in Doppelreihen auf Wällen angepflanzt sind, in der Vermutung, daß sie der Zugang zu einem Schloß sei und daß dort auch ein Taubenturm zu finden sein würde. So war es auch. Zur Seite des Schlosses steht ein dicker runder Taubenturm aus Ziegelmauerwerk mit eingelegten Bändern aus grauem Silex. Der Schloßherr führte uns hinein.

Das Erdgeschoß erwies sich als ein großer Saal von über 70 m² Grundfläche, über dem ein aus mächtigen gebeilten, d.h. mit dem Beil aus dem runden Stamm gehauenen Balken bestehendes Gebälk den Fußboden des eigentlichen Taubengeschosses trägt. Mit 9,50 m Innendurchmesser war der Turm der umfangreichste unserer Reise. Hier werden Feste gefeiert, z.B. das Réveillon de Noël, der traditionelle Weihnachtsschmaus, mit 60 Gästen, erzählte uns schmunzelnd der Herr. Wegen seiner Größe haben wir den Taubenturm aufgemessen.

Ein anderer Taubenturm, der von la Marguerite in Saint-Juin an der Westküste, dient als Bibliothek. Zwei Fenster sind geschickt eingefügt. Der runde Turm ist aus schwarzem Silex errichtet, mit sechs senkrechten Aussteifungen aus hellem Stein. Er hat ein Strohdach.

Au Manoir de Mailleraye nous sommes tombés sur un exemplaire intéressant : un colombier de briques, élancé, octogonal, au toit rénové, le jambage de la porte en ogive. Cette tour, par ailleurs légèrement penchée, se dresse sur un îlot dans un étang. L'aménagement intérieur, c'est-à-dire mille nichoirs dans la maçonnerie et une échelle tournante, est préservé.

L'aimable propriétaire était très fier de son colombier qu'il a remis en état après les dégâts causés par la guerre. Il nous parle de l'occupation allemande, de la destruction de la jolie maison à colombages dans laquelle il habite actuellement, de la colombe abattue à la pointe du toit. « C'est la guerre », nous dit-il, à nous Allemands, en s'excusant d'un sourire et en nous serrant la main. Une rencontre bien sympathique !

Un exemple de ce que l'on peut faire d'un pigeonnier qui ne sert plus pour les pigeons nous a été donné au Château de Boscol près de Héricourt-en-Caux. Nous arrivâmes par une allée de hêtres majestueux, comme on voit si souvent en Normandie, plantée en double rangée, sur les talus ; nous pensions que cette allée menait à un château où nous pourrions trouver également un pigeonnier, ce qui fut le cas. Sur le côté se dresse un large colombier de brique, circulaire, dont la maçonnerie est coupée de plusieurs bandes de silex gris. Le châtelain nous mena à l'intérieur.

Le rez-de-chaussée forme une grande salle de plus de 70 m² de surface ; à son plafond, de puissantes poutres faites de troncs grossièrement équarris à la hache portent le plancher du pigeonnier proprement dit. Les 9,50 m de diamètre intérieur font de l'ensemble le plus vaste pigeonnier que nous ayons rencontré sur notre route. Il sert à des festivités, nous explique en souriant le propriétaire ; on y fête par exemple le traditionnel réveillon de Noël, avec 60 invités. Les respectables dimensions de ce colombier nous ont poussé à en effectuer le métrage exact.

Un autre colombier, celui de la Marguerite à Saint-Juin, sur la côte, est utilisé comme bibliothèque. On a habilement percé deux fenêtres. La tour ronde construite en silex noir avec six renforcements de pierre claire, est coiffé d'un toit de chaume.

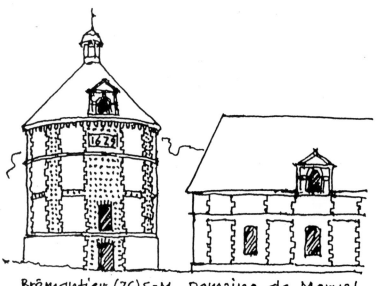

Brémontier (76) S-M. Domaine de Merval

In der Domäne Merval bei Brémontier stimmen Schloß, Wirtschaftsgebäude und Taubenturm ohne jede Stilabweichung zusammen. Der rechteckige Hof – eine Butterblumenwiese, auf der Kühe weiden – ist zu beiden Seiten von Wirtschaftsgebäuden eingefaßt, das Schloß bildet mit seiner Rückseite den hinteren Abschluß. Der runde Taubenturm mit Mustern aus roten und dunklen Ziegeln und verputzten Flächen trägt die Jahreszahl 1629. Aus dem kegelförmigen Dach springt eine Gaube vor, die luftige Laterne trägt eine Metallspitze mit Wetterfahne. Die Holzkonstruktion im Innern ist erhalten, die Nester sind verschwunden (Abb. S. 112). Die langgestreckten Wirtschaftsgebäude mit derselben Fassadendekoration sind zwischen 1628 und 1631 datiert. Das Schloß, das bei unserem ersten Besuch einen heruntergekommenen Eindruck machte, wird nun von der Regierung restauriert und, durch weitere Bauten ergänzt, zu einem Lycée agricole umgebaut.

Weiter westlich stoßen wir auf Fachwerk. Zum Château de Launay, 12 km nordwestlich Brionne, gehört ein besonders schöner Fachwerk-Taubenturm (Abb. S. 110-111). Ein prächtiges weiß gestrichenes schmiedeeisernes Tor leitet in die Anlage ein. Im Hintergrund das sehr große Schloß, flankiert von den Wirtschaftsgebäuden in fein gegliedertem Fachwerk, die den Taubenturm einschließen. Er ist achteckig, in sehr engem Ständerwerk errichtet, das mit dünnen

Sur le domaine de Merval à Brémontier, le château, les communs et le colombier à pied constituent un ensemble architectural d'une unité de style parfaite. La cour rectangulaire – un pré couvert de boutons d'or où paissent les vaches – est bordée des deux côtés par les communs et l'arrière du château ferme le troisième côté. Le colombier rond aux murs couverts d'enduit et de motifs de briques rouges et violettes porte la date de 1629. Une lucarne s'avance sur le toit conique, un lanternon ajouré se termine par une pointe métallique ornée d'une girouette. L'aménagement intérieur en bois a été conservé, mais les nids ont disparu (ill. p. 112). Les bâtiments allongés des communs, décorés de la même façon, datent de 1628 à 1631. Le château, qui paraissait délabré lors de notre première visite, est en cours de restauration sous la responsabilité de l'État et va devenir, complété par quelques bâtiments supplémentaires, un lycée agricole.

Plus à l'Ouest, nous trouvons des colombages. Dans la cour du Château de Launay, à 12 km au nord-ouest de Brionne, s'élève un pigeonnier à colombages particulièrement beau (ill. p. 110-111). On entre dans la propriété par un magnifique portail de fer forgé peint en blanc. A l'arrière-plan, le château, très grand, est flanqué de deux ailes de communs à fins colombages qui encadrent le colombier. Celui-ci est octogonal ; les intervalles entre les montants, très rappro-

Ziegelplatten ausgemauert ist, und hat ein schönes, aufgeschobenes und weit überstehendes Kegeldach mit einer großen Fluggaube. Das Besondere an ihm sind die figürlich geschnitzten Köpfe der Ständer unterhalb des Daches : Teufel, Ungeheuer, Tierfratzen. Sollten sie Eindringlinge erschrecken, die Tauben schützen, oder hat hier nur der Künstler seiner Fantasie freien Lauf gelassen ?

chés, sont remplis de minces briques plates ; le beau toit conique, assez pointu et très en surplomb, est percé d'une grande lucarne d'envol. La particularité de ce pigeonnier est l'ensemble des sculptures aux têtes des montants, sous le rebord du toit : diables, monstres, gueules d'animaux. Étaient-ils destinés à effrayer les intrus pour protéger les pigeons, ou bien l'artiste a-t-il seulement laissé libre cours à son imagination ?

château de Launay (27) Eure

Der Fachwerkbau ist auch im östlichen Calvados, das zur Basse-Normandie gehört, vorherrschend. Hier sind nicht nur die Wirtschaftsgebäude, sondern auch das Herrenhaus in Fachwerk errichtet.

Ein idyllisches Ensemble bildet das Wasserschlößchen Le Bois de Bé bei Cambrémer westlich Lisieux, mit seinem mittelalterlichen Torbau mit Zugbrücke und dem lustigen Fachwerk-Taubenturm, der beim Umbau zum Gästehaus nach allen Seiten Fenster und zusätzlich Dachgauben erhalten hat (Abb. S. 110).

Wir erreichten dieses erstaunliche Anwesen im strömenden Regen, fuhren im Schrittempo die lange Zufahrt entlang und wurden plötzlich von einem alten Herrn unter einem riesigen Regen-

Les constructions à colombages prédominent aussi à l'est dans le Calvados, en Basse-Normandie. Là, ce ne sont pas seulement les communs, mais souvent aussi les manoirs eux-mêmes qui sont construits de la même manière.

Un petit château entouré d'eau, le Bois de Bé à Cambrémer, non loin de Lisieux, offre un tableau idyllique, avec son porche médiéval à pont-levis et son drôle de pigeonnier à colombages auquel on a rajouté, tout autour, fenêtres et lucarnes pour en faire un pavillon d'hôtes (ill. p. 110).

Nous sommes arrivés à cette extraordinaire demeure sous des torrents de pluie, suivant au pas le long chemin d'accès, lorsqu'un vieux monsieur sous un immense parapluie nous arrêta

schirm unwirsch angehalten. Hier gäbe es nichts zu besichtigen, schalt er. Als wir höflich unser Anliegen erklärt hatten und er begriff, daß wir Deutsche seien, wurde er zugänglich und schwärmte von deutscher Musik und deutschen Orgeln. Schließlich führte er uns unter seinem Schirm zu den vorteilhaftesten Stellen zum Fotografieren. Wir schieden in voller Eintracht.

d'une manière peu amène. « Rien à visiter », nous cria-t-il. Après avoir écouté nos explications polies et appris que nous étions Allemands, il s'adoucit, louant la musique allemande et les orgues germaniques. Finalement, il nous conduisit sous son parapluie, jusqu'aux endroits d'où l'on pouvait prendre les meilleures photos. Nous nous quittâmes en excellents termes.

Cambrêmer , Manoir du Bois de Bé ✳ (14) Calvados

Weiter westlich im Calvados sind die Taubentürme wieder aus Mauerwerk. Ein großer Taubenturm, ein Colombier à pied, ganz aus hellem Haustein errichtet, mit einem schiefergedeckten Spitzkuppeldach und barock umrahmten Tür- und Fensteröffnungen steht beim Château de Jucoville bei la Cambe, westlich Bayeux (Abb. S. 112). Er hat etwa 2 200 Nisthöhlen, die gewölbte Kuppel ist baufällig.

Plus à l'ouest du Calvados, les pigeonniers sont de nouveau en maçonnerie. Un grand colombier à pied, entièrement en pierre de taille claire, coiffé d'un toit d'ardoises en coupole « à l'impériale » et aux encadrements de portes et fenêtres baroques, se dresse au Château de Jucoville, près de la Cambe, à l'ouest de Bayeux (ill. p. 112). Il contient environ 2 200 nichoirs, mais la coupole voûtée menace ruine.

Le Fief du Hanouard

Ziersteine der Fassade

Pierres de décoration de la façade

Bourgthéroulde (Eure) ▷

Häufig werden Taubentürme in der Normandie neben dem Teich errichtet

En Normandie, les colombiers sont souvent érigés près de la mare

Château d'Orcher (Seine Maritime)
(Typ B)

Manoir Arandot ou Ourville (Seine-Maritime)
(Typ G)

Les Loges (Seine-Maritime) (Typ C)

Particularités des façades
Einzelheiten der Fassaden

△

Épreville-en-Roumois ▷
(Eure)

Petit Veauville,
Héricourt-en-Caux (Seine-Maritime) ▽

Couvent
des Dames de St-Amand
à Boos
(Seine-Maritime)

Le Fief de Hanouard
(Seine-Maritime)

Colombier à pied de
1450 avec 1280 nids

Taubenturm von 1450
mit 1280 Nestern

Gerponville
(Seine-Maritime)

Boos △

Le Hanouard ▷

Détail des façades

Einzelheiten der Fassaden

Gerponville ▽

△ **Manoir du Bois de Bé**
   à Cambremer (Calvados)

Un petit château entouré d'eau avec son surprenant pigeonnier
Ein idyllissches Wasserschlößchen mit seinem lastigen Faubenturm

▽ **Château de Launey (Eure)**

△ Vatteville
(Seine-Maritime)

Château de Launay
(Eure)

Les sculptures
fantastiques
sur bois

Die phantastichen
Holzschnitzereien

△ Manoir de Caudemone (Calvados)

Domaine de Merval ▷
à Brémontier (Seine-Maritime)

▽ Château de Jucoville à La Cambe (Calvados)   Détail ▷

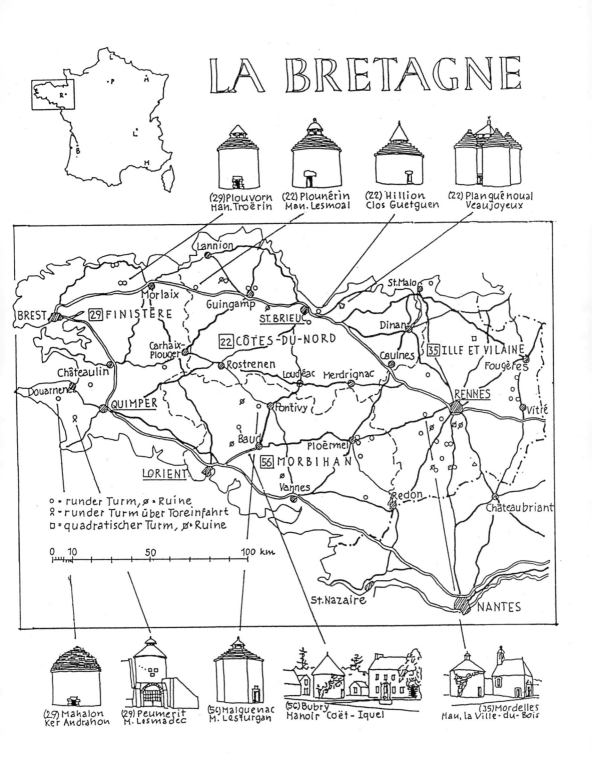

LA BRETAGNE

(29) Plouvorn
Man. Troërin

(22) Plounérin
Man. Lesmoal

(22) Hillion
Clos Guetguen

(22) Planquénoual
Veaujoyeux

Lannion

Morlaix
Guingamp
St. Malo
BREST
[29] FINISTÈRE
ST. BRIEUC
Dinan
Carhaix-Plouger
[22] CÔTES-DU-NORD
Caulnes
[35] ILLE ET VILAINE
Châteaulin
Rostrenen
Loudéac Merdrignac
Fougères
Douarnenez
QUIMPER
Pontivy
RENNES
Vitré
Baud
Ploërmel
LORIENT
[56] MORBIHAN
Vannes
Redon
Châteaubriant

o = runder Turm, ø = Ruine
⌀ = runder Turm über Toreinfahrt
□ = quadratischer Turm, ⌀ = Ruine

0 10   50   100 km

St. Nazaire
NANTES

(29) Mahalon
Ker Andrahon

(29) Peumerit
M. Lesmadec

(54) Malguenac
M. Lesturgan

(54) Bubry
Manoir Coët - Iquel

(35) Mordelles
Man. la Ville - du - Bois

```
?M:VI :DENO :LIEU :LOCA :PART :HIST:TRI :LOCA POSITION 4;FIN
DENO     :   CHATEAU
LIEU     :   ROBINAIS(LA)
LOCA     :   FRANCE-BRETAGNE-35-BAIN DE BRETAGNE
PART     :   CHAPELLE-COLOMBIER-PARTIES AGRICOLES.
HIST     :   CORPS DE LOGIS,TOUR D'ESCALIER CONSTRUITS A LA FIN DU 16E OU AU DEBUT
HIST     :   CORPS DE LOGIS,TOUR D'ESCALIER CONSTRUITS A LA FIN DU 16E OU AU DEBUT
             DU 17E SIECLE-CORPS DE LOGIS OUEST,PAVILLONS ET COLOMBIER CONSTRUITS
             DU 17E SIECLE-CORPS DE LOGIS OUEST,PAVILLONS ET COLOMBIER CONSTRUITS
             VERS 1660,LE PAVILLON OUEST PORTE LA DATE 1661-
             REMANIEMENT AU 19E SIECLE CONCERNANT LE CORPS DE LOGIS PRINCIPAL ET
             LE CHANGEMENT D'AFFECTATION DU COLOMBIER DEVENU CHAPELLE

DENO     :   MANOIR
LIEU     :   PRAIS(LA)
LOCA     :   FRANCE-BRETAGNE-35-BAIN DE BRETAGNE
PART     :   COLOMBIER-PARTIES AGRICOLES-VIVIER-CHAPELLE
HIST     :   EDIFICE 16E SIECLE ?-TRES REMANIE AU 17E OU 18E SIECLE-
             COLOMBIER 17E SIECLE-CHAPELLE 16E SIECLE DETRUITE

DENO     :   MANOIR
LIEU     :   MUSSE(LA)
LOCA     :   FRANCE-BRETAGNE-35-BAULON
PART     :   FOSSE-COUR-ETANG-MOULIN-COLOMBIER

DENO     :   MANOIR
LIEU     :   MARTIGNE
LOCA     :   FRANCE-BRETAGNE-35-BAZOUGES LA PEROUSE
PART     :   PARTIES AGRICOLES-COLOMBIER

DENO     :   MANOIR
LIEU     :   COAT GOURAY
LOCA     :   FRANCE-BRETAGNE-22-BEGARD
PART     :   PARTIES AGRICOLES-COLOMBIER
HIST     :   UNE PARTIE DE L'EDIFICE DU 14E SIECLE-L'AUTRE DU 19E

DENO     :   MANOIR
LIEU     :   KERNAUDOUR
LOCA     :   FRANCE-BRETAGNE-22-BEGARD
PART     :   COLOMBIER

DENO     :   MANOIR
LIEU     :   RONCE(LA)
LOCA     :   FRANCE-BRETAGNE-35-BILLE
PART     :   PARTIES AGRICOLES-PUITS-COLOMBIER-MOULIN
HIST     :   EDIFICE 16E SIECLE-MOULIN ET COLOMBIER DETRUITS-
             UNE POUTRE PORTE LA DATE 1704-PARTIES AGRICOLES PLUS RECENTES

DENO     :   MANOIR
LIEU     :   MESAUBOIN(LE GRAND)
LOCA     :   FRANCE-BRETAGNE-35-BILLE
PART     :   PARTIES AGRICOLES-CHAPELLE-COLOMBIER-PUITS
HIST     :   EDIFICE 17E SIECLE-AGRANDISSEMENT DE L'ACTUEL LOGIS AU 19E SIECLE
             ,REMANIE

DENO     :   MANOIR
LIEU     :   REAUTE(LA)
LOCA     :   FRANCE-BRETAGNE-35-BOURG DES COMPTES
PART     :   LOGEMENT-PARTIES AGRICOLES-FOUR A PAIN-PUITS-CHAPELLE-COMMUNS
             -COLOMBIER-ENCLOS
HIST     :   LOGEMENT,DIT CORPS DE GARDE,DATE 1503-REMANIE EN 1834-
             MANOIR 16E SIECLE-TRES RECONSTRUIT AU 18E SIECLE ET AU 19E SIECLE
             -CHAPELLE 16E SIECLE,DETRUITE

DENO     :   JARDIN-ENCLOS-COLOMBIER
HIST     :   MANOIR CONSTRUIT DANS LA 1ERE MOITIE DU 17E SIECLE-
             CORPS ACCOLE EN FACADE ARRIERE AU 18E SIECLE-AUTRE AJOUT A L'ARRIERE
             CORPS ACCOLE EN FACADE ARRIERE AU 18E SIECLE-AUTRE AJOUT A L'ARRIERE
             AU 20E SIECLE

DENO     :   MANOIR
LIEU     :   COETDIQUEL
LOCA     :   FRANCE-BRETAGNE-56-BUBRY
PART     :   CHAPELLE-COLOMBIER-COMMUNS
HIST     :   MANOIR 17E OU 18E SIECLE-COLOMBIER CONSTRUIT EN 1739

DENO     :   MANOIR
LIEU     :   KERALY
LOCA     :   FRANCE-BRETAGNE-56-BUBRY
PART     :   PUITS-CHAPELLE-PARTIES AGRICOLES-COLOMBIER
```

DIE BRETAGNE

Die Bretagne umfaßt vier Departements : Côtes-d'Armor (22), Finistère (29), Ille-et-Vilaine (35) und Morbihan (56).

Diese nordwestliche Landspitze Frankreichs gehört wie das Zentralmassiv zu den ersten Inseln, die sich bei der Faltung der Erdoberfläche vor etwa 500 Millionen Jahren aus dem Meer erhoben, das ganz Frankreich bedeckte. Die bis zu 4 000 m hohen Gebirge sind durch die Erosion bis auf eine Höhe zwischen 200 und 400 m abgetragen. Übrig blieb der Urgesteinsockel, der im wesentlichen aus Granit und Schiefer besteht. Das Land ist nicht sehr fruchtbar, der Ackerboden verlangt reichliche Düngung. Der Getreideanbau war im Mittelalter begrenzt.

Obwohl die Taubenhaltung in der Bretagne kein Privileg des Adels war, sind die Taubentürme weniger zahlreich und auch kleiner als in der Normandie. Viele enthalten nur 200 bis 400 Nester, die größten etwa 1 000. Ihre Größe entspricht dem Besitz an Ackerland.

Zur Vorbereitung unserer Forschungsreise in die Bretagne fragten wir bei der Regionalbehörde in Rennes an, wo wir Auskünfte über Colombiers bekommen könnten. Das Centre du Patrimoine schickte uns drei Meter Computerausdruck mit allen registrierten Taubenhäusern, rund 90 an der Zahl. Von diesen waren 25 als zerstört oder nicht mehr vorhanden registriert. Wir erhielten auf diese Weise einen sehr guten Überblick und konnten ohne großen Zeitaufwand 57 von ihnen besuchen, wobei wir feststellten, daß weitere vier Besitzungen ebenfalls keinen Taubenturm mehr hatten. Zwei fanden wir nicht. Einer war versetzt und an anderer Stelle wieder aufgebaut worden, zwei wurden als Hundestall genutzt.

Fast alle Taubentürme sind rund, wir fanden nur zwei mit quadratischem Grundriß. Wie es sich aus der geologischen Beschaffenheit des Landes ergibt, ist das Baumaterial im Osten vorwiegend Schiefer, im Westen Granit. In der Umgebung von Rennes sind die Taubentürme am zahlreichsten, jedoch meist klein und architektonisch unbedeutend. Sie bestehen durchweg aus Schiefermauerwerk, einige sind verputzt. Sie haben ein kegelförmiges Schieferdach, meistens mit einer Laterne auf der Spitze.

LA BRETAGNE

La Bretagne comprend quatre départements : les Côtes-d'Armor (22), le Finistère (29), l'Ille-et-Vilaine (35) et le Morbihan (56).

La pointe nord-ouest de la France appartient comme le Massif central aux premières îles qui, lors de plissements de l'écorce terrestre, il y a 500 millions d'années, ont émergé des mers qui couvraient toute la France. Ces montagnes qui s'élevaient jusqu'à 4 000 m ont été réduites par l'érosion à une hauteur de 200 à 400 m. Il en est resté le socle primaire, constitué essentiellement de granit et de schistes. Le pays n'est pas très fertile, l'agriculture nécessite beaucoup d'engrais. Les cultures céréalières étaient très limitées au Moyen Age.

Bien que l'élevage des pigeons n'ait pas été en Bretagne un privilège de la noblesse, les pigeonniers y sont moins nombreux et plus petits qu'en Normandie. Beaucoup ne contiennent que 200 à 400 nids, les plus importants environ 1 000. Leur taille correspond à la surface des terres cultivées.

Afin de préparer notre voyage d'étude en Bretagne nous nous sommes adressés à l'administration régionale de Rennes pour savoir où nous pourrions trouver des renseignements sur les colombiers. Le Centre du Patrimoine nous envoya alors trois mètres de listing informatique des quelque 90 pigeonniers recensés. Parmi eux 25 étaient mentionnés comme détruits ou disparus. Cela nous donna une idée précise de l'ensemble et nous permit d'en visiter rapidement 57. Nous avons pu constater que quatre autres propriétés ne possédaient plus de pigeonnier ; il nous a par ailleurs été impossible de trouver deux domaines. Un pigeonnier avait été déplacé et reconstruit à un autre endroit, deux autres transformés en chenil.

Presque tous les pigeonniers sont ronds, nous n'en avons rencontré que deux de base carrée. Conformément aux conditions géologiques, le matériau le plus employé est le schiste à l'est et le granit à l'ouest. C'est dans la région de Rennes que les colombiers sont les plus nombreux et sont généralement petits et d'architecture insignifiante. Ils sont dans leur ensemble construits en pierre schisteuse ; quelques-uns sont recouvert d'enduit avec un toit d'ardoises conique, la plupart du temps surmonté d'un lanternon.

Der Taubenturm des Manoir la Ville du bois bei Mordelles ist einer von diesem Typ. Die Laterne ist eine luftige Konstruktion und trägt auf der Spitze eine Taube. Der Schloßherr zeigte uns den Innenraum mit 200 aus Lehm gebildeten Nestern. Was wir hier zum erstenmal sahen und später noch oft wiederfanden, ist die Zuordnung von Taubenturm und Schloßkapelle. Hier stehen sie nebeneinander, häufig sind sie als flankierende Bauwerke rechts und links der Mittelachse vor das Schloß gesetzt, also an repräsentativer Stelle. Wie der Taubenturm, hat auch der auf dem Dach der Kapelle reitende Glockenturm noch eine kleine Laterne, in der ein Glöckchen hängt (Abb. S. 121).

Dieses Ensemble blieb für uns so eindrucksvoll, weil der Graf uns unermüdlich seine Familiengeschichte erzählte und so der Taubenturm nicht nur ein so und so beschaffenes Behältnis für Tauben blieb, sondern mitten im Leben von Vergangenheit und Gegenwart, von Land und Leuten steht.

Ebenso im Manoir de la Réauté bei Bourg-des-Comptes. Das feste Haus liegt schön im Tal der Vilaine. Der hohe runde Taubenturm mit seinem kegelförmigen Schieferdach und kleiner Laterne ist am Wegrand nicht zu übersehen. Er ist aber nicht die einzige Sehenswürdigkeit. Die Besitzerin, eine ältere sehr lebhafte Dame, wurde nicht müde, uns vom Keller bis zum Dach zu führen, wo ein weiterer Taubenschlag eingebaut ist und die Dachkonstruktion aus bogenförmigen Hölzern besonders interessierte.

Die aus Granit errichteten Taubentürme der westlichen Bretagne sind aus schön behauenen Steinen mit eingearbeiteten Nisthöhlen gefügt und mit einem Kuppeldach abgedeckt. Die Einflugöffnung ist ein Loch in der Kuppelmitte, das durch einen mit Schiefer gedeckten aufgestelzten Dachkegel geschützt ist. Die Türme sind größer als im Osten (600 bis 1000 Nester). Sie sind rund, nicht sehr hoch und ziemlich dick, einige verjüngen sich leicht nach oben.

Gewöhnlich sind die großen Türme bis 50 cm über dem Erdboden mit Nisthöhlen besetzt, haben an den Wänden entlang ein Steinbankett,

Le pigeonnier du Manoir de la Ville du Bois, près de Mordelles, est de ce type. Le lanternon est une construction légère, dont la pointe est ornée d'une colombe. Le maître des lieux nous a montré l'intérieur et ses 200 nids d'argile. Ce que nous avons découvert là-bas pour la première fois, et que nous devions revoir bien souvent par la suite, est la disposition du colombier et de la chapelle du château. Ici, ils sont côte à côte ; fréquemment ils se dressent, flanquant le bâtiment principal à droite et à gauche de l'axe central, à l'avant du château, c'est-à-dire de manière tout à fait représentative. Tout comme le colombier, le clocher à cheval sur le toit de la chapelle est surmonté d'un petit lanternon qui abrite lui-même une cloche. Cet ensemble est resté gravé dans notre souvenir parce que le comte nous raconta l'histoire de sa famille et le colombier devenait ainsi non plus seulement un abri pour les pigeons mais le témoin vivant du passé et du présent, du pays et de ses habitants (ill. p. 121).

Il en allait de même au Manoir de la Réauté à Bourg-des-Comtes. La maison fortifiée est bien exposée dans la vallée de la Vilaine. On ne peut manquer d'apercevoir, du chemin, le haut colombier circulaire avec son toit conique en ardoise et son petit lanternon, mais il n'est pas la seule curiosité de l'endroit ; la propriétaire, une vieille dame très vive, ne se lassait pas de nous conduire de la cave au grenier, où un second pigeonnier est aménagé. Dans ces combles, la charpente de poutres arquées présente un réel intérêt.

Les pigeonniers de granit de la Bretagne occidentale sont faits d'un assemblage de pierres bien taillées avec des nichoirs creusés dans leurs murs, et ils sont couverts d'un toit en coupole. Le trou d'envol est une ouverture au centre de cette coupole, protégée par une petite toiture conique surélevée et couverte d'ardoise. Les pigeonniers sont plus importants qu'à l'est (de 600 à 1000 nids). Ils sont ronds, pas très élevés et assez larges ; quelques-uns se rétrécissent légèrement vers le haut.

Habituellement, les grands colombiers sont occupés sur toute leur hauteur par les nids jusqu'à 50 cm au-dessus du sol ; tout le long du mur court

auf das die Tauben koten, und von dem aus der Mist leicht zusammengerafft werden kann, in der Mitte eine etwas vertiefte Futtergrube und sonst keine weitere Inneneinrichtung. Als Abweiser gegen die Raubtiere dient das überstehende Gesims des aus schweren Steinplatten bestehenden Daches. Eine Vorrichtung, die Tauben zeitweise einzusperren, gibt es nicht. In zweien dieser Türme fanden wir einen Futtertisch aus Stein in der Turmmitte ; der eine hatte einen Mittelmast und früher wohl auch eine Drehleiter.

une banquette de pierre où tombe la fiente des oiseaux et où l'on peut facilement ramasser cette colombine. Au milieu, le sol est légèrement creusé pour recevoir la nourriture des pigeons. Il n'y a pas d'autre aménagement intérieur. Le rebord du toit fait de lourdes plaques de pierre, en surplomb, sert de défense contre les prédateurs. On ne rencontre nulle part de dispositif destiné à enfermer momentanément les pigeons. Nous avons trouvé dans deux de ces pigeonniers une table de pierre à grain, placée au milieu du bâtiment ; l'un avait un mât central et possédait sans doute auparavant une échelle tournante.

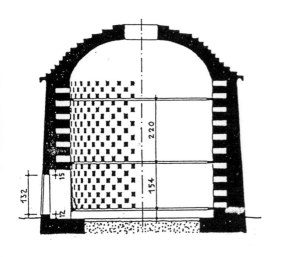

SCHNITT A-A
COUPE A-A

~650
Nisthöhlen
boulins

INNEN Ø 520
730

GRUNDRISS - PLAN

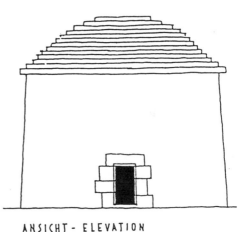

ANSICHT - ELEVATION

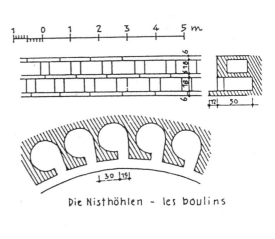

Die Nisthöhlen - les boulins

TAUBENTURM - COLOMBIER
PLOËRMEL »LA GAUDINAIS«
BRETAGNE

– 117 –

Ein besonderes Erlebnis ist der Besuch des Château Coët-Iquel bei Bubry im Departement Morbihan. Es ist schwer zu finden über einen ansteigenden Waldweg und scheint von Menschen verlassen, nicht einmal ein Hund verbellt uns. Aber das Besitztum ist gepflegt, der Rasen geschoren, die Blumenbeete sind bepflanzt. Der runde Taubenturm des hier üblichen Typs wäre für sich allein nicht auffällig. Er bildet mit den grauen Granitgebäuden, der Kapelle und dem

Une visite au Château de Coët-Iquel près de Bubry dans le Morbihan procure un plaisir particulier. Il est d'accès difficile, par un chemin qui monte à travers la forêt, et paraît abandonné ; pas même l'aboiement d'un chien. Mais la propriété est entretenue, le gazon tondu, les plates-bandes impeccables. Le pigeonnier rond du type courant dans la région, n'attirerait pas l'attention en lui-même. Mais il forme avec les autres bâtiments de granit gris, la chapelle et la

Château de Coët - Iquel, (56) Bubry

Brunnen aus fein behauenem Granit ein harmonisches Ganzes von außergewöhnlicher Schönheit. Die Nester und die Dachkonstruktion sind erhalten. Die Schieferdächer des Wohnhauses und der Wirtschaftsgebäude sind erneuert, das weiß gestrichene Holz der Sprossenfenster hebt sich freundlich von den Steinwänden ab. Dieses Idyll ist von mächtigen einzelstehenden Bäumen und dichtem Wald umgeben.

Eine Besonderheit fanden wir im Taubenturm des Château Ménoray in Locmalo (Morbihan). Etwa unter jeder vierten Nestreihe kragt ein Gesims aus zum Aufsetzen und Spazieren für die Tauben (promenoir), dazwichen hin und wieder Konsolen (Abb. S. 23). Die Schloßherrin, eine liebenswürdige Dame, meinte, herzlich lachend, darauf habe wohl der Tauber gesessen und seinem

fontaine de pierre finement taillée, un bel ensemble, d'une harmonie incomparable. Les nids et la charpente ont été conservés. Les toitures d'ardoise de la maison d'habitation et des communs ont été rénovées, les boiseries peintes en blanc des fenêtres en croisillons se détachent gaiement sur le fond des murs de pierre. Ce lieu idyllique est entouré de grands arbres isolés, puis par une épaisse forêt.

Une curiosité nous attendait dans le colombier du Château de Ménoray à Locmalo (Morbihan). A peu près toutes les quatre rangées de nids, une corniche fait saillie pour que les oiseaux s'y posent et s'y promènent (le promenoir), entre les corniches, de place en place, on voit des consoles (ill. p. 23). La châtelaine, une dame charmante, nous explique en riant de tout cœur

brütenden Weibchen etwas vorgegurrt! Der Turm ist leider ohne Dach, es wurde durch den furchtbaren Sturm im Oktober 1987 zerstört, der auch die prächtige Allee, die zu dem schönen Renaissanceschloß führt, ausgelichtet und viel wertvollen Wald vernichtet hat.

Südwestlich Quimper, bei Peumérit (Finistère) fanden wir im Manoir Lesmadec den einzigen über dem Kreuzrippengewölbe der Toreinfahrt errichteten Taubenturm. Er stammt aus dem 17. Jahrhundert und ist mit einem Wappenschild geschmückt. Eine Außentreppe führt zum Eingang in das Taubengeschoß, in dem die Nester noch erhalten sind.

Eine eigene Erwähnung verdient der Taubenturm des Château de Troërin bei Plouvorn (Finistère). Das schlichte graue Schloß kehrt seine Fassade von der Einfahrt ab. Vor ihm breitet sich Rasen, von Park und Wald eingefaßt, ein großer Teich in der Mulde, jenseits eine ansteigende Wiese, in deren Mitte sich der Taubenturm erhebt. Er ist mit seiner runden Gestalt, seiner getreppten, bewachsenen Kuppel als ein wahres Schmuckstück in die Landschaft gestellt (Abb. S. 121).

que c'était là sans doute la place du pigeon mâle, d'où il roucoulait pour sa compagne en train de couver! Le toit manque malheureusement, il a été détruit par la tempête d'octobre 1987. Cette terrible tornade a décimé également la splendide allée qui mène au château Renaissance, et anéanti nombre d'arbres de grande beauté.

Au nord-ouest de Quimper, au Manoir de Lesmadec à Peumérit (Finistère), nous avons découvert le seul pigeonnier installé au-dessus de la voûte sur croisée d'ogives d'un porche. Orné d'armoiries, il date du XVIIe siècle. Un escalier extérieur conduit au niveau des pigeons, où les nids sont encore présents.

Le colombier du Château de Troërin, près de Plouvorn (Finistère), mérite une mention particulière. Le château à la sobre façade grise tourne le dos à l'entrée du domaine. A ses pieds s'étend une pelouse entourée par le parc et la forêt, un grand étang s'élargit en contre-bas ; et de l'autre côté, dans une prairie, le colombier se dresse à mi-pente. Sa masse ronde, sa coupole en escalier recouverte de verdure en font un véritable « bijou » enchâssé dans le paysage comme en un écrin (ill. p. 121).

Plouvorn / Finistère
Manoir de Troërin mit Taubenturm (1578)

Ein einzigartiges Bauwerk ist das viertürmige Taubenhaus von Veaujoyeux in Planguénoual (Côtes-d'Armor). Es stammt aus dem 16. Jahrhundert, ist aus grob behauenen Schiefersteinen errichtet und mit Steinplatten über Kragsteingewölben gedeckt. Das bemerkenswerte Baudenkmal wurde kürzlich restauriert. Die runde Einflugöffnung in der Mitte ist mit einem quadratischen aufgestelzten Schieferdach geschützt. Das Haus hat 1 050 Nisthöhlen. Beim Aufzeichnen des Grundrisses nach einem Aufmaß überraschte mich die raffinierte Konzeption dieses Bauwerks (Abb. S. 122).

Un édifice unique : le colombier à quatre tourelles de Veaujoyeux à Planguénoual, dans les Côtes-d'Armor. Datant du XVIe siècle, il est fait de pierres schisteuses grossièrement taillées et couvert de plaques de pierre sur des voûtes en tas de charge. Ce monument remarquable a été récemment restauré. Le trou d'envol circulaire, au milieu, est protégé par un toit d'ardoises carré posé sur quatre piliers. Le bâtiment contient 1 050 nichoirs. En en dessinant le plan après avoir effectué le métrage, j'ai été surpris par la conception raffinée de l'ensemble (ill. p. 122).

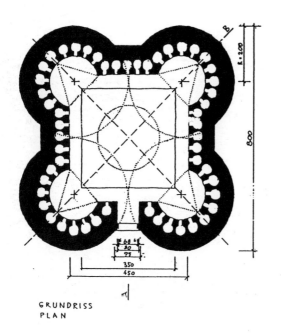

GRUNDRISS
PLAN

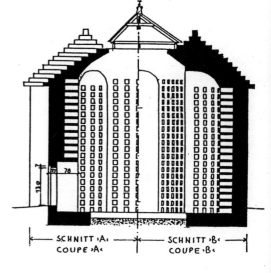

LE COLOMBIER de VEAUJOYEUX
à (22) PLANGUENOUAL / BRETAGNE

◁ La Ville du Bois
à Mordelles
(Ille-et-Vilaine)

Manoir Troërin ▷
à Plouvorn
(Finistère)

Vue depuis le château
vers le colombier

Blick vom Schloß
zum Taubenturm

Le colombier

Der Taubenturm

◁ Veaujoyeux
à Planguénoual
(Côtes-d'Armor)

En bas à gauche :
L'intérieur
avec les boulins

Unten links :
Das Innere mit
den Nisthöhlen

▽ Clos Guetguen
à Hillion
(Côtes-d'Armor)

Le vieux Château de Blossac
à Goven (Ille-et-Vilaine)

Manoir Lesmoal à Plounérin (Côtes-d'Armor)

Bien des colombiers
bretons ne sont plus que
des ruines romantiques

Viele der bretonischen
Taubentürme sind nur
noch romantische Ruinen

Ferme Vieux Châtel ▷
à Saint-Coulomb
(Ille-et-Vilaine)

DIE BEDEUTUNG DER DACHBEKRÖNUNGEN

In Frankreich nimmt das Taubenhaus unter den landwirtschaftlichen Gebäuden eine so wichtige Stellung ein, daß man auf seine Gestaltung besondere Sorgfalt verwendete. Das zeigt sich auch in seinen Dachbekrönungen. Sie haben kaum noch eine konstruktive Bedeutung wie bei den frühen Wohnbauten, ihre Anschaffung ist reiner Luxus, ihre Anbringung entspringt der Freude an einem besonderen Zierrat. Aber es steckt noch mehr dahinter, wie wir sehen werden.

Wie es sich schon in den Bauformen der Taubenhäuser zeigt, haben auch die Dachbekrönungen in der Gascogne die größte Vielfalt aufzuweisen. Aber auch in den anderen Regionen sind sie in einfacher oder reich gegliederter Form anzutreffen.

Die einfachste Form einer Dachbekrönung ist ein grob behauener konischer Stein. Weiter ausgearbeitet wird er zum Kegel mit Kugelkopf oder zur Form eines Phallus, schließlich zur mehrgliedrigen Form, die an Schachfiguren erinnert. Einfache keramische Formen sind umgestülpte Töpfe und Krüge, reichere vielstufige gedrehte Gebilde, die häufig mit einer Taube besetzt sind. Als drittes Material wird Zinkblech verwandt.

Ursprünglich wurde die Bekrönung konstruktiv benötigt : Der Stein als Auflast auf der abschließenden Steinplatte einer Kragsteinkuppel ist sicher schon seit einigen tausend Jahren üblich. Die aus der Dachhaut herausragende Spitze des Mittelmastes eines Kegeldaches konnte man am besten durch einen umgestülpten Topf schützen, eine aus dem Zeltbau übernommene Methode, die man auch für die Spitzen von hart gedeckten Dächern beibehielt. So mag die Dachbekrönung ihren Ursprung genommen haben.

Doch dann hat sich die Fantasie der Menschen an diesen gen Himmel weisenden Dachspitzen entzündet, sie hat sie angeregt, sie künstlerisch zu gestalten und ihnen eine symbolische Bedeutung beizulegen. Oder war die Reihenfolge vielleicht umgekehrt ? Wahrscheinlich war beides gleichzeitig im Fluß, denn

SIGNIFICATION DES ÉPIS DE FAITAGE

En France, le pigeonnier occupe, parmi les bâtiments agricoles, une place si importante que l'on a toujours apporté à sa réalisation un soin particulier. On peut en voir la preuve également dans les épis de faîtage. Ils n'ont presque plus aucune signification en tant qu'élément de construction, comme sur les anciennes maisons d'habitation. Son acquisition est un luxe, sa pose répond au plaisir d'une décoration originale. Mais il y a plus derrière ce phénomène, comme nous allons le voir.

De même que pour l'architecture des pigeonniers, c'est en Gascogne que se manifeste la plus grande variété dans le choix des épis de faîtage. Cependant, on trouve aussi dans les autres régions les formes les plus simples comme les plus recherchées.

La forme la plus simple d'un épi de faîtage est une pierre conique grossièrement taillée. Plus travaillé, il devient un cône à tête ronde ou prend la forme d'un phallus, puis il peut prendre des formes moins régulières et plus variées, rappelant les figurines du jeu d'échecs. Les épis de céramique les plus élémentaires sont de simples pots ou cruches renversés, les plus sophistiqués sont des objets faits au tour, plusieurs fois renflés, fréquemment ornés d'une colombe. Le zinc, enfin, est le troisième matériau utilisé.

A l'origine, l'épi était un élément nécessaire de construction : la pierre qui pèse comme lest sur la dernière plaque d'un coupole en tas de charge est certainement usuelle depuis quelques milliers d'années. Un pot renversé constituait le meilleur moyen de protéger, sur un toit conique, l'extrême pointe du pilier central dépassant au milieu de la toiture : il s'agit d'une méthode empruntée à la technique de construction des tentes et conservée pour le sommet des toits en dur. Telle peut être l'origine de l'épi de faîtage.

Par la suite, l'imagination humaine s'est enflammée, fécondée par ces pointes de toit montrant le ciel. Elle s'est mise à en faire des objets d'art et à leur conférer une signification symbolique. Ou bien est-ce l'inverse ? Phénomènes simultanés vraisemblablement, car les

kulturelle Entwicklungen sind komplexe vernetzte Vorgänge.

Ein Bauwerk ist immer zwischen Erde und Himmel errichtet und regt so zu zweifachem Symbolismus an : Es bedeutet die Bindung (des Menschen) an die Erde und zugleich (seinen) den Übergang von der Erde zum Himmel. Und beim Haus ist es vor allem das Dach, das zugleich ein Element des Schutzes und Symbol der Vereinigung mit dem Himmel ist. In gesteigertem Maß kommt diese spirituelle Bedeutung in den Kirchtürmen der Christen, den Minarets der Moslems, den Pyramiden der Ägypter zum Ausdruck. Sie sind bauliches Symbol für die Achse, die die Erde mit dem Himmel, den Menschen mit Gott verbindet. Der First des Daches, die Spitze des Turmes sind die oberste Grenze des Materiellen, und die aufgesetzten Spitzen symbolisieren den Übergang vom Materiellen zum Spirituellen. Ein zusätzliches Symbol der Vereinigung mit dem Himmel ist der Vogel, der Hahn auf der Kirchturmspitze, die Taube auf der Spitze des Taubenturmes.

Ein Bauer ist aber auch stärker mit der Erde verhaftet als jeder andere Mensch, und so drücken die Dachspitzen auch seine irdischen Wünsche aus : die Bitte um Schutz und Fruchtbarkeit. Hier waren also viele Impulse zur künstlerischen Gestaltung gegeben.

évolutions culturelles sont des processus imbriqués les uns dans les autres.

Un bâtiment est toujours construit entre terre et ciel et donne l'impulsion d'un double symbolisme : il signifie le lieu qui unit l'homme à la terre et en même temps le passage (le sien) de la terre au ciel. Dans la maison c'est avant tout le toit qui représente à la fois un élément de protection et le symbole de l'union avec le ciel. Cette signification spirituelle s'exprime à un degré supérieur, dans les clochers du christianisme, les minarets de l'islam et les pyramides égyptiennes. Ils sont les symboles architecturaux de l'axe qui relie la terre et le ciel, les hommes et la divinité. Le faîte du toit, la pointe de la tour sont les limites extrêmes de la matière, et les épis que l'on y rajoute symbolisent le passage du monde matériel au monde spirituel. Une représentation supplémentaire de l'union avec le ciel est l'oiseau : le coq des pointes de clocher ou la colombe du sommet des pigeonniers.

Mais un paysan est aussi rattaché plus fortement à la terre que tout autre homme, et les épis de faîtage expriment ainsi également ses désirs tout à fait terrestres : le besoin de protection et de fécondité, qui renfermait les germes d'une inspiration artistique multiple.

Manoir d'Ango à Varengeville (Seine-Maritime)

TAUBENHÄUSER IN FRANKREICH – DACHSPITZEN
COLOMBIERS ET PIGEONNIERS DE FRANCE – ÉPIS DE FAÎTAGE

aus Stein – en pierre

Gascogne

Gascogne

Bretagne

aus Keramik – épis-poteries

Normandie Bretagne

Gascogne

Gascogne

Limousin
1638
(d'après M.Robert)

aus Metal – métalliques

Bourbonnais

Normandie

© H. EIFLER · Nov. 1988

1) Poitou (Meuse)
2) + 3) Normandie, 16. Jahrhundert – XVIᵉ siècle

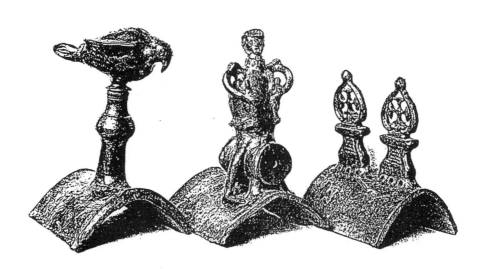

Saussemesnil (Manche), 18. Jahrhundert – XVIIIᵉ siècle

Épis de faîtage

Dachbekrönungen

(Gascogne)

GLOSSAIRE

GLOSSARIUM

Abreuvoir
Tränke

Baignoire
Badewanne
(Provence)

Bande de carreaux entourant
la grille d'envol

Kacheleinfassung
um das Flugloch
(Provence)

abreuvoir (m), en pierre taillée, en terre cuite ou en fer blanc

Tränke (f), aus Stein, gebranntem Ton oder Blech

alvéole (m)

Höhle (f), Zelle (f)

appareilloir (m), lieu fermé, où l'on élève les pigeonneaux et d'où on ne laisse sortir les pigeons qu'après s'être bien assuré de leur sexe

Käfig (m) für Jungtauben, die erst ausfliegen dürfen, wenn man ihr Geschlecht bestimmt hat

appentis (m)

Pultdach, Wetterdach (n)

arpent (m), ancienne mesure agraire (30-50 ares)

Morgen (m), altes Feldmaß (30-50 ar)

baignoire (f), ordinairement, une auge en pierre

Badewanne (f), gewöhnlich ein Steintrog (größere Tränke)

bail (m), baux

Pacht, Verpachtung (f)

bande (f) de zinc ou de carreaux émaillés (souvent polychromes) entourant le pigeonnier ou la grille d'envol pour empêcher le passage des prédateurs grimpants

Band (n), Leiste, Einfassung (f) aus Zink oder glasierten Kacheln (oft vielfarbig) um den Taubenturm oder das Flugloch zur Abwehr kletternder Raubtiere

bandeau (m), corniche horizontale en dessous des ouvertures d'envol dans le même but que la bande

horizontales **Gesims** (n) unterhalb der Fluglöcher, zum gleichen Zweck

banneton (m), v. **paiouset**

Nistkorb (m) s. paiouset

barbacane (f)

Schießscharte (f)

bard (m) (Provence), large dalle calcaire utilisée soit comme carrelage, soit à usage de cloison de séparation entre les rangées de boulins, ou comme planche d'envol, ou encore pour recouvrir le toit (voir **lauze**)

flacher Kalkstein (m) als Bodenfliese, als Trennwand zwischen Nisthöhlen, als Flugbrett, und auch als Dachbelag benutzt (siehe auch **lauze**)

bastide (f), en Provence : maison de campagne ; en Gascogne : **bourg fortifié**

in der Provence : **Landhaus** (n), **Landsitz** (m), in der Gascogne : befestigter **Marktflecken** (m)

belvédère (m), construction établie en un lieu élevé (voir **pigeonnier-belvédère**)

Dachhäuschen (n), (auch Aussichtsturm, Lusthaus), (siehe auch **pigeonnier-belvédère**)

biset (m), pigeon sauvage

wilde Taube (f), **Feldtaube** (f)

bolet (m), champignon ; dans le Quercy, on désigne sous ce mot la terrasse d'entrée couverte de la maison (voir **pigeonnier-bolet**)

Hutpilz (Boletus) (m) ; im Quercy auch die Bezeichnung für die überdeckte Eingangsveranda des Wohnhauses (siehe auch **pigeonnier-bolet**)

borie (f) (Provence), cabane en maçonnerie de pierres brutes couverte d'une voûte en tas de charge

(Provence) bezeichnet eine **Feldhütte** (f) aus Trockenmauerwerk mit Kragsteinkuppel

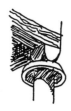

capel, champignon de défense

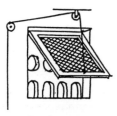

châssis, claie

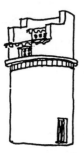

pigeonnier de type
« col de manteau retourné »

boulin (m), ce mot désigne divers types de nids de pigeon (voir ill. page 21 à 24) ; en architecture : trou pratiqué dans le mur pour loger l'extrémité d'une poutre ou une pièce d'échafaudage ; comme ces trous sont peu accessibles, les pigeons aiment s'en servir.

cagnard (m), terrasse, balcon ou niche abritée devant la grille d'accueil

capel (m) voir **champignon de défense**

capitelle (f) (Languedoc) cabane en maçonnerie de pierres brutes couverte d'une coupole en tas de charge

carrelage (m), le sol du pigeonnier est généralement bien carrelé

case (f), **casier** (m), ces deux mots désignent aussi des nids en bois

causse (m) (méridional), plateau calcaire dans le sud de la France

cazelle (f) (Gascogne), voir **garriotte**

champignon (m) **de défense = capel** (m), tête de pilier en forme de champignon faisant obstacle aux prédateurs

châssis (m), provençal : lou clédas, claie grillagée mobile fermant la grille d'envol

clocheton (m)

col (m) **de manteau retourné** (Provence), type de colombier circulaire, dont les murs sont surélevés au-dessus du toit pour servir d'abri contre le vent

colombage (m), dans les régions à proximité des forêts (p.e. des Landes et dans le Calvados), les pigeonniers sont de préférence construits à colombages

colombe (f), souvent des colombes en faïence ou en zinc ornent le faîte d'un pigeonnier

colombier (m), ancienne dénomination du pigeonnier, courante encore en Normandie

colombier à pied (m), pigeonnier indépendant qui comporte des boulins sur toute sa hauteur, généralement réservé aux propriétés de la noblesse

Nistzelle (f), das Wort bezeichnet verschiedene Typen von Taubennestern (siehe Abb. S. 21-24) ; in der Architektur : ein Mauerloch für einen Balkenkopf oder ein Rüstholz. Diese Löcher werden gern von Tauben angenommen, weil sie unzugänglich sind.

windgeschützte **Nische** (f) vor den Fluglöchern

siehe **champignon de défense**

(Languedoc) meistens runde **Feldhütte** (f) aus Trockenmauerwerk mit einer spitzen Kragsteinkuppel

Fliesenboden (m), das Taubenhaus ist gewöhnlich sauber gefliest

Fach, Fachregal (n), auch Bezeichnung für Nistkästen aus Holz

Kalkhochebene (f) in Südfrankreich

siehe **garriotte**

pilzförmiger **Säulenkopf** (m) zur Abwehr von Raubtieren, auch capel genannt

bewegliches Gitter (n), mit dem man den Taubenschlag schließen kann

Dachreiter (m), aufgesetztes Türmchen

hochgestellter Mantelkragen (m), bezeichnet in der Provence einen runden Taubenturm mit Windschutzmauern über Dach

Fachwerk (n), in waldreichen Gebieten (z.B. in der Nähe der Landes und im Calvados) sind die Taubenhäuser vorwiegend in Fachwerkkonstruktion errichtet

Taube (f), oft ziert die Spitze eines Taubenhauses eine Taube aus Keramik oder Zink

Taubenturm (m), alte Bezeichnung, in der Normandie noch heute geläufig

einzelstehender **Taubenturm** (m), der in ganzer Höhe Nistzellen enthält, im allgemeinen den Gütern des Adels vorbehalten

crochet de pigeonnier
avec banneton

Haken für Nistkorb

pigeonnier-échauguette

en bloc

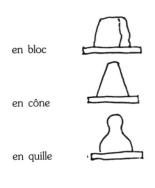

en cône

en quille

épi-lest

grille d'envol

---

colombine (f), la fiente de pigeon constituait un engrais très actif et recherché avant l'usage des engrais chimiques

columbarium (m) (lat.), chambre sépulcrale de l'époque romaine

comble (m)

corniche (f) voir **larmier**

crochet (m) **de pigeonnier**, destiné à tenir le nid du pigeon (en bois ou en vannerie)

damier (m)

dîme (f)

échauguette (f)

échelle (f) **tournante**, reliée par des potences à un arbre central vertical qui pivote entre un large galet au sol du pigeonnier et une forte poutre en haut, servant pour visiter les nids

encorbellement (m)

enfer (m) (ou trappe d'enfer), nom populaire de la trappe ouverte dans le sol du pigeonnier qui sert à l'évacuation de la colombine

envol (m)

épi (m) **de faîtage** (voir p. 124-128)

épi-lest (m)

escalette (f) (Provence), voir **perroquet**

fiente (f)

fief (m), **fief de haubert** (m)

franc-fief (m)

fuie (fuye) (f), voir **volet**

galetas (m), pièce réduite, située dans les combles et parfois utilisée comme pigeonnier

garriotte (f) (Gascogne), cabane construite en moellons bruts

génoise (f), une ou plusieurs rangées de tuiles canal, soutenant l'avancée du toit

girouette (f)

grille (f) **d'accueil** ou **d'envol**, plaque en bois, en plâtre, en terre cuite ou pierre de taille munie de trous, destinée à empêcher le passage des rapaces

---

Taubenmist (m), ein sehr wirksamer und begehrter Dünger, ehe man den künstlichen Dünger kannte

Kolumbarium (n) « Taubenschlag », im alten Rom Grabkammer für Aschenurnen

Dachraum (m)

Kranzgesims (n), siehe **larmier**

Haken (m) für Taubennester aus Korbgeflecht oder Holz

Kaptaube (f)

Zehent (m), **Herrenzins** (m)

Warte (f), **Wachtturm** (m)

Drehleiter (f) zur Kontrolle der Nester, mittels Galgen an einem senkrechten Mittelmast befestigt, der sich zwischen einem Drehlager (einem großen Stein) am Boden und einem dicken Balken oberhalb dreht

Vorbau (m), **Auskragung** (f)

Hölle (f), **Unterwelt** (f) (Höllenklappe), volkstümlicher Ausdruck für die Bodenluke im Taubenhaus, durch die der Taubenmist gescharrt wird

Ausflug (m), **Flug-**

Dachspitze (f), siehe S. 124-128

Auflast (f) auf dem Dachfirst

escalette (f) (Provence), siehe **perroquet**

Mist (m), **Kot** (m)

Lehen (n) waffenpflichtiges Lehen

Freilehen (n) eines Nichtadligen

kleiner **Taubenschlag** (m)

kleine **Dachkammer** (f), manchmal als Taubenschlag genutzt

(Gascogne) runde **Hütte** (f) aus Feldsteinen

Traufgesims (n) aus einer oder mehreren Lagen von Hohlziegeln (nach Genueser Art)

Wetterfahne (f), **Wetterhahn** (m)

mit **Einfluglöchern versehene Platte** (f) aus Holz, Gips, gebranntem Ton oder Naturstein, verhindert den Einflug von Raubvögeln

lanterne, lanternon
Bretagne

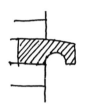

larmier
Traufgesims

lucarne d'envol
Fluggaube (Gers)

paiouset

perchoir
tourniquet

hune (f), ancienne dénomination d'un colombier en Gascogne	alte Bezeichnung für **Taubenturm** (m) in der Gascogne
lanterne (f), **lanterneau** (m), **lanternon** (m), ouverture au-dessus du toit du pigeonnier servant de passage d'envol ou pour l'aération	**Laterne** (f), aufgesetztes Türmchen zur Lüftung und/oder zum Ein- und Ausfliegen der Tauben (siehe auch **clocheton**)
larmier (m) = **corniche** avec une gorge en dessous entourant le pigeonnier pour empêcher le passage des rats (f)	**Traufgesims** (n), Gesims mit unterseitiger Hohlkehle um den Taubenturm zur Abwehr kletternder Raubtiere
lause (f), **lauze** (f), **lauzette** (f)	**gespaltene Steinplatte** (f)
lucarne (f)	**Dachfenster** (n), **Dachgaube** (f), **Dachluke** (f)
lucarne (f) **d'envol**	**Flugfenster** (n), **Fluggaube** (f)
mâchicoulis (m)	**Pecherker** (m)
mangeoire (f)	**Futterkrippe** (f), **Futtertrog** (m)
manoir (m)	**Herrenhaus** (n)
mas (m) (méridional)	**Bauernhof** (m), **Bauernhaus** (n)
mât (m) de **perroquet**	**Aufsetzbaum** (m)
métayage (m)	**Halbpacht** (f)
métayer (m)	**Pächter, Halbpächter** (m)
nichoir (m)	**Nistzelle** (f)
niche (f), **nid** (m) (voir p. 21 à 24)	**Nest** (n) (siehe auch Seiten 21-24)
oint de suif, le suif remplace parfois la bande de carreaux autour de la grille d'envol	**mit Talg eingerieben** wurde manchmal die Umrahmung eines Flugloches als Ersatz für Kacheln
osier (m)	**Korbweide** (f)
paiouset (m) = **banneton** (m), nid de pigeon globulaire en paille de seigle muni d'une anse	kugelförmiges **Taubennest** (n) aus Roggenstroh mit einem Henkel
pare-vent (m), voir aussi **cagnard, col de manteau retourné, pied de mulet**	**Windschutz** (m), siehe auch **cagnard, col de manteau retourné, pied de mulet**
pattu (m), pigeon pattu, dont les pattes portent une touffe de plumes	**Taubenrasse** mit befiederten Füßen
perchoir (m), simple p. = une barre fixée au mur, p. mobile = **tourniquet**	**Aufsetzstange** (f), einfache A. = der Mauer befestigte Stange, bewegliche A. = **tourniquet**
perroquet (m) = **escalette** (f) = **mât de perroquet** (m), barre de bois munie de barreaux horizontaux pour accéder aux nids	**Kletterstange** (f) mit Querhölzern, wie eine Leiter zu benutzen

Type : « pied de mulet »

pigeonnier-belvédère
(Provence)

Pigeonnier-bolet
(Quercy)

pinacle

pied (m) **de mulet** (Provence), type d'un pigeonnier carré dont les murs surmontent le toit de trois côtés pour servir de pare-vent

pigeon (m)

pigeon-voyageur (m)

pigeonnier (m)

pigeonnier-bolet (Quercy)

pigeonnier-borie (Provence)

pigeonnier-échauguette

pigeonnier-pignon

pigeonnier-tourelle

pigeonnier en belvédère

pignon (m)

pinacle (m), petite pyramide munie de perches

pivot (m)

plage (f) **d'envol**

planche (f) **d'envol**

plate-forme (f) **d'envol**, la corniche devant la grille d'envol, où se posent les pigeons au retour de leurs randonnées

poinçon (m)

pondoir (m), boulin avec une entrée plus étroite où le pigeon pondant ou couvant est moins dérangé

potence (f), autre nom pour l'**échelle tournante** (voir **échelle tournante**)

promenoir (m), corniche à l'intérieur du pigeonnier où les pigeons « se promènent », s'appellent, s'accouplent

quille (f)

quillé (adj.)

ramier (m)

randière (f) (bande de carreaux émaillés)

rebord (m) **de défense**, voir aussi **corniche, larmier**

roseau (m)

sauvegarde (f)

Maultierhuf (m), Bezeichnung für einen quadratischen Taubenturm mit Windschutzmauern an drei Seiten über Dach

Taube (f)

Brieftaube (f)

Taubenhaus (n), **-schlag** (m)

Taubenschlag über der Freitreppe

Taubenhaus in Form eines Borie

Taubenschlag als auskragendes Türmchen

Taubenschlag im Giebel

Taubenschlag im Türmchen

Taubenschlag auf dem Dach

Giebel (m)

spitzer Dachreiter (m) mit Sitzstangen

Drehstütze (f)

Anflugfläche (f)

Flugbrett (n)

Flugplattform (f)

spitzer Dachaufsatz (m)

Legenest (n), Nest mit engerem Eingang, in dem die legende oder brütende Taube weniger gestört ist

Galgen (m), anderer Ausdruck für **Drehleiter** (siehe **échelle tournante**)

Wandelgang (m), Gesims im Innern des Taubenhauses, auf dem die Tauben « promenieren », balzen, sich paaren

Kegel (m)

kegelförmig

Ringeltaube (f)

Band (n) (aus glasierten Kacheln)

Abweiser (m) **gegen Raubzeug**, siehe auch **corniche, larmier**

Schilfrohr (n)

Denkmalschutz (m)

table à grains
(Bretagne)

table (f) **à grains**

torchis (m), utilisé comme hourdage entre les montants du colombage et pour la confection de nids

tourniquet (m) = **perchoir mobile**

tourterelle (f)

trappe (f) **d'enfer**, voir **enfer**

vannerie (f)

volet (m), : porte abattante ou coulissante devant la grille d'envol

volière (f), réduit fermé grillagé où on élève ou engraisse les pigeons, parfois à l'intérieur du pigeonnier

zinc (m), bande de zinc entourant le pigeonnier ou l'ouverture d'envol pour empêcher le passage des prédateurs

Futtertisch (m)

Strohlehm (m), als Ausfüllung zwischen Fachwerk und zur Herstellung von Nisthöhlen

drehbarer Aufsetzbaum (m) siehe **perchoir mobile**

Turteltaube (f)

Bodenluke (f), siehe auch **enfer**

Korbgeflecht (n)

kleiner **Taubenschlag** (m) ; Fall- oder Schiebetürchen am Taubenschlag

Käfig (m) zur Aufzucht oder zum Mästen der Tauben, manchmal im Innern des Taubenhauses

Zink (n), durchgehendes Zinkblechband um den Taubenturm oder die Flugöffnung zur Abwehr kletternder Raubtiere

BIBLIOGRAPHIE

1. D'ABOVILLE Christine, *Les Colombiers du Bec de Caux*, Rouen 1985.
2. ASTRUC Henri, *Les pigeonniers tarnais*, Albi 1971.
3. ASTRUC Olivier, *Les pigeonniers de la Vallée de la Save*, Connaissance du Pays d'Oc, n° 77-1978.
4. BERTRAND Marcel, *Les pigeonniers du pays tarnais*, l'Almanach du Tarn libre, Albi 1963-1969 (suite).
5. BESSIÈRE Marie-Louise, BRU Henri, PACAUD Didier, *Pigeonniers du Tarn*, Catalogue de l'exposition à la maison du Vieil Albi, Albi 1987.
6. BREUILLE L, DUMAS R, OUDET R, TROYOU P, *Maisons paysannes et vie traditionnelle en Auvergne*, 1980.
7. BUXBAUM Tim, *Scottish Doocots Shire*, Album 190.
8. CAYLA (Dr) Alfred, *Types de toits et pigeonniers dans l'habitation rurale du Quercy*, Revue de géographie humaine et ethnologie, n° 4-1948.
9. CAYLA Alfred, *L'habitation du Quercy et de ses alentours*, Éditions quercynoises, Saint-Céré 1979.
10. CAYLA (Dr) Alfred, *Architecture paysanne de Guyenne et Gascogne*, Paris 1977.
11. DALON Pierre, *Les cabanes en pierre sèche du Causse de Limogne*, Bull. SEL 1973, XCLV/2.
12. DAUZAT Albert, *Le village et le paysan de France*, Paris 1941.
13. DAVID-ROY Marguerite, *Les pigeonniers au pays du Mistral et de la Tramontane*, revue Archéologia n° 156, Dijon 1981.
14. DOYON G, HUBRECHT Rob, *L'architecture rurale et bourgeoise en France*, Éditions Vincent, Fréal et Cie, Paris.
15. ENLART Camille, *Manuel d'archéologie française*, deuxième partie, tome I : Architecture civile : Poulaillers, cages à poules colombiers, p. 214-218, 2e édition, Picard 1929, Paris.
16. FILIPPETTI Hervé, *Maisons paysannes de l'ancienne France*, Paris 1979.
17. FREAL Jacques, Bauernhäuser in Frankreich, München 1979 (L'architecture paysanne en France, Paris 1977).
18. GARCZYNSKA M, *Les Colombiers en France*, enquête du centre de recherches sur les monuments historiques, 1964.
19. GENET Christian, ROLLET Jacques, FORTIN Jacqueline, *Vieux Pigeonniers des Charentes*, Poitiers 1990.
20. LA GRANDE ENCYCLOPÉDIE, tome 5, p. 786, Colombiers, pigeonniers, tome 2, p. 1032 : Colombiers, droit féodal.
21. GROSS Caroline, *Les Colombiers bourguignons*, Centre d'Archéologie Médiévale de Strasbourg, 1975.
22. HANSELL Peter et Jean, Doves and dovecotes, Bath 1988.
23. HEYNE Maren, Taubentürme in Tinos, Frankfurt 1977.
24. HOFFMANN Hilmar, Das Taubenbuch, Frankfurt 1982.
25. HUCHON Edme, *Nos vieux Colombiers de l'Auxois*. Travaux de linguistique et de folklore de Bourgogne, tome IV, Dijon 1977.
26. Inventaire général des monuments et des richesses artistiques de la France, tome : Vaucluse, Pays d'Aigues.
27. KAMMERMEIER Alois, Taubenhäuser, Taubenschläge, Rosenheim 1987.
28. LAROUSSE Pierre, Grand Dictionnaire Universel du XIXe siècle, Colombier, Paris 1869.
29. LATALLERIE-BEURIER G., *Pigeonniers en Bourbonnais* (40 dessins avec commentaires), Moulins 1979.
30. LAURENS R, *Colombiers de provinces françaises*, revue « Les Alpes de Lumière » n° 42, 1967.
31. LERON-LESUR Pierre, *Colombiers et Pigeonniers*, Edition Ch. Massin, Paris.
32. LETELLIER Dominique, *Pigeonniers de France*, Édition Privat, Toulouse 1991.
33. MANAVIT Henri, *Les pigeonniers languedociens*, Revue du Tarn, n° 49-81.
34. MARTEL Pierre, *Sauver les pigeonniers*, revue « Les Alpes de Lumière » n° 42, 1967.
35. MARTEL Pierre, *Pigeonniers de Haute Provence*, revue « Les Alpes de Lumière » n° 43, 1967.
36. MESPLE Paul, *Étude du pigeonnier gascon et gersois*, revue « Archéologia ».
37. NESPOULOS Jean-Louis, OBERREINER Jean-Luc, *Bolets et pigeonniers des maisons lotoises*, revue « Quercy recherche », Cahors 1980.
38. NESPOULOS Jean-Louis, AESCHLIMANN J., *Maison en Quercy, les toits*, revue « Quercy recherche », Cahors 1980.
39. OBERREINER Jean-Luc, *Épis de faîtage en Quercy*, technique et symbolisme, 46160 Luzech 1980.
40. PÉRÈS André, *Les pigeonniers de Gascogne*, revue « La promotion violette » n° 84, Paris 1985.
41. PETERKIN G.A.G., *Scottish Dovecotes*, Cupar Angus 1980.
42. POLGE Henri, *Hunes et Colombiers de Gascogne*, revue « Archéologia » n° 25, Dijon 1968.
43. ROBERT Maurice, *Art populaire limousin, les épis de faîtage*, Études limousins nos 40 et 41, 1971.
44. ROLLET J, *Recensement des Pigeonniers*, Mémoires Soc. Arch. et Hist. de la Charente, 1971.
45. SECRET Jean, *Sur un pigeonnier seigneurial en 1654*, bulletin de la Soc. Histoire archéol. du Périgord, 1967.
46. DE SERRES Olivier, *Le Théâtre de l'Agriculture et Mesnage des Champs*, chap. VIII, Le Pigeonnier et Colombier, Paris 1607.
47. SILVESTER Hans, *Les Pigeons*, Paris 1989.
48. TAVERNIER Jean-Baptiste, *Les Six Voyages*, Nathan, Paris 1676.
49. VIOLLET-LE-DUC, *Dictionnaire raisonné de l'architecture française du XIe au XVIe siècle*, tome III, art. Colombier, pages 484-493, 1868.
50. WATTS Kathleen, *Colombiers et pigeonniers*, traduction de l'anglais par R. Cuenod, 1980.

INHALTSVERZEICHNIS

TABLE DES MATIÈRES

© HANJO EIFLER et SUD-IMAGE
1994

ISBN 2-910268-03-9